実例でわかる
保育所児童保育要録
作成マニュアル

監修 冨田久枝

成美堂出版

はじめに

　「保育所児童保育要録」は、保育所（園）を修了後、小学校へ入学する子ども一人ひとりの「子どもの育ちを支えるための資料」として保育所が作成し、小学校へ送付するものです。

　子どもは、保育所・幼稚園から小学校へ通う期間の乳児期・幼児期・学童期に、社会からさまざまな刺激を受け、心身ともにめざましい発達と成長をとげます。その間、家族から離れて生活する場所は保育所・幼稚園から小学校へと移行していくわけですが、「保育所児童保育要録」の授受によって、連続性をもって子どもの育ちや学びを支えることは、大変重要なことです。

　小学校教師は、入学時に初めて会う子どもの特性や配慮事項を、保育要録であらかじめ把握しておくことで、一人ひとりへの理解が深まり、適切な対応ができるでしょう。また、子ども自身や保護者は、自分からは伝えきれない「子どもの姿」を、保育者という専門家から小学校教諭に伝えてもらうことで、小学校生活への移行がスムーズに行えます。さらに、要録を作成する保育者は、自らの保育を振り返ることで、保育の質を、より高めることができるでしょう。

　しかし、子ども一人ひとりの保育要録を作成する作業は、保育者にとって、とてつもなく時間がかかる大変な作業です。本書では、保育者の方々が、子どもの育ちをどのように整理し、どのように伝えればよいのかなど、その書き方のポイントを具体的な事例をたくさんあげて紹介しました。

　保育所保育指針の改定に伴い、発達のとらえ方や「幼児期の終わりまでに育ってほしい姿」などにもふれて保育の新しい流れにも対応いたしました。本書が、保育者の皆さんの保育要録の作成に役立ち、子どもたちの育ちを保育所と小学校が連携して支えることに寄与できれば幸いです。

冨田久枝

もくじ

- ■はじめに …………………………………………………………………… 2
- ■本書の特長と見方 ………………………………………………………… 6

第1章 保育要録の基本を知ろう！ 7

- 子どもの「育ち」を見守る「保育要録」………………………………… 8
- 保育要録の様式フォーマットを見よう ………………………………… 10
- 管理と記入のルール ……………………………………………………… 13
- 保育要録作成の手順 ……………………………………………………… 14
- 記録を保育要録に生かす ………………………………………………… 16
- 保育記録の取り方5条 …………………………………………………… 17
- 保育記録の種類を見よう ………………………………………………… 18
- ■保育要録よくあるギモン① …………………………………………… 20

第2章 伝わる保育要録の書き方 21

- 保育記録を要録に生かす ………………………………………………… 22
- 保育要録のまとめ方 ……………………………………………………… 24
- 保育要録の書き方8条 …………………………………………………… 26
- 「育ち」が伝わる文章表現6つのポイント …………………………… 31
- 「5領域」ごとの書き方のポイント …………………………………… 34
- 「10の姿」活用のポイント ……………………………………………… 36
- ★知っ得コラム（保育要録に生きる記録の取り方）…………………… 38

第3章 保育要録文例集 39

- 保育の過程と子どもの育ちに関する事項 ……………………………… 40
- 最終年度の重点・個人の重点 文例集 ………………………………… 42
- 保育の展開と子どもの育ち1・健康 …………………………………… 44
- 保育の展開と子どもの育ち1・健康 文例集 ………………………… 46
- 保育の展開と子どもの育ち2・人間関係 ……………………………… 56

3

　　保育の展開と子どもの育ち2・人間関係 文例集……58
　　保育の展開と子どもの育ち3・環境……62
　　保育の展開と子どもの育ち3・環境 文例集……64
　■保育要録よくあるギモン②……67
　　保育の展開と子どもの育ち4・言葉……68
　　保育の展開と子どもの育ち4・言葉 文例集……70
　　保育の展開と子どもの育ち5・表現……74
　　保育の展開と子どもの育ち5・表現 文例集……76
　　特に配慮すべき事項……78
　　特に配慮すべき事項 文例集……80
　★知っ得コラム（保育所と認定こども園の関係）……84
　　最終年度に至るまでの育ちに関する事項……86
　　最終年度に至るまでの育ちに関する事項 文例集……88
　■保育要録よくあるギモン③……92

第4章　保育要録実例集　　93

　　[記入例1] 自己主張が強い子……94
　　[記入例2] 親が外国籍の子……96
　　[記入例3] ひとり親家庭で育った子……98
　　[記入例4] 意欲を継続できない子……100
　　[記入例5] パニックを起こしやすい子……102
　　[記入例6] 落ち着きがなくなる子……104
　　[記入例7] 友だちと騒ぎまわる子……106
　　[記入例8] 嫌なことから逃げる子……108
　　[記入例9] 食物アレルギーがある子……110
　　[記入例10] 育児放棄が懸念される子……112
　　[記入例11] 食べ物の好き嫌いが激しい子……114
　　[記入例12] 活発で運動が得意な元気な子……116
　　[記入例13] 排泄をがまんしがちな子……118

[記入例14] 明るくリーダー的な子 …………………………………… 120

[記入例15] 集団行動が苦手な子 ……………………………………… 122

[記入例16] 自己主張が少ない子 ……………………………………… 124

[記入例17] 引っ込み思案でやさしい子 ……………………………… 126

[記入例18] しっかり者で物を大切にする子 ………………………… 128

[記入例19] たえず汚れを気にしている子 …………………………… 130

[記入例20] きちんと話ができる子 …………………………………… 132

[記入例21] 気持ちを伝えるのが苦手な子 …………………………… 134

[記入例22] 言葉の理解力が弱い子 …………………………………… 136

[記入例23] 空想の世界が好きで夢見がちな子 ……………………… 138

[記入例24] 創作活動が得意な子 ……………………………………… 140

●練習用／保育所児童保育要録（保育に関する記録）……………… 142

第5章 認定こども園園児指導要録の書き方 …………… 143

「幼保連携型認定こども園園児指導要録」のポイント……………… 144

認定こども園園児指導要録文例集／育ち・健康等に関する記録 …… 147

3歳児「指導等に関する記録」の文例集……………………………… 148

4歳児「指導等に関する記録」の文例集……………………………… 150

5歳児「指導等に関する記録」の文例集……………………………… 152

[記入例1] 相手の子を叩いてしまう子………………………………… 154

[記入例2] やせて虚弱だった子………………………………………… 156

●練習用／幼保連携型認定こども園園児指導要録（指導）………… 158

本書の特長と見方

初めて保育所児童保育要録（以下、保育要録）を書く保育者でも、以下の手順で仕上げることができます。

✿特長と使い方✿

1 まず、基本を再確認！
はじめに「第1章／保育要録の基本を知ろう！」で、仕組みとねらいを再確認してください。「保育要録作成の手順（P.14）」の流れで作成します。

2 文章表現のコツがわかる！
「第2章／伝わる保育要録の書き方」に保育記録の生かし方から、伝わる文章表現のコツまでを紹介しています。実際に書くときに気をつけるポイントが分かります。

3 担当する子どもの事例を見つける！
「第3章／保育要録文例集」は、「保育の過程と子どもの育ちに関する事項」から始まる保育要録の書式の順に、豊富な記入例と文例を掲載しています。担当する子どもの事例に当てはまる文を見れば、書くときの参考にできます。

4 記入例の添削を参考に！
「第4章／保育要録実例集」は、伝えたい大きなテーマから構成されています。子どもの総体としての保育要録ですから、テーマ以外の育ちも記載してより現実的な形式で作成しています。記入例では、陥りがちな間違いや不足部分を添削しています。

5 「園児指導要録」文例も参考にできる！
「第5章／認定こども園園児指導要録の書き方」では、「幼保連携型認定こども園園児指導要録」の記入例と文例を掲載しています。

6 練習用フォーマットが使える！
下書き用にコピーして使える、保育要録（P.142）と、幼保連携型認定こども園園児指導要録（P.158～159）の各フォーマットがあります。

✿本書の見方✿

事例の子どもデータ。児童票と同じデータ。

事例のテーマ。これに基づき総体的に作成。

よりよい表現に添削し、それぞれに文例を掲載。

事例で保育者が伝えたいこと。

保育要録全体の評価。4つ星が満点。

伝えたいポイント。

[各文例の見方]
・項目毎の文例。見出しから子どもの事例を探す。
・その文例のポイントと使い方を記載。

第 1 章

保育要録の基本を知ろう！

子どもの「育ち」を見守る「保育要録」

「保育所児童保育要録」は、子どもたちの「育ちの連続性」を保つ役割をします。

保育要録はなぜ作る？

社会環境の変化により子育てに関する悩みが増える中、保育により高い質と専門性が求められるようになりました。それを受けて保育指針に加えられたのが「小学校との連携」です。保育所（園）における子どもの記録「保育要録」を小学校へ送付することが義務づけられたのです。

指針

小学校との連携

ア　保育所においては、保育所保育が、小学校以降の生活や学習の基盤の育成につながることに配慮し、幼児期にふさわしい生活を通じて、創造的な思考や主体的な生活態度などの基礎を培うようにすること。

イ　保育所保育において育まれた資質・能力を踏まえ、小学校教育が円滑に行われるよう、小学校教師との意見交換や合同の研究の機会などを設け、第1章の4の(2)に示す「幼児期の終わりまでに育ってほしい姿」を共有するなど連携を図り、保育所保育と小学校教育との円滑な接続を図るよう努めること。

ウ　子どもに関する情報共有に関して、保育所に入所している子どもの就学に際し、市町村の支援の下に、子どもの育ちを支えるための資料が保育所から小学校へ送付されるようにすること。

（平成29年告示「保育所保育指針」より）

保育要録の効果

保育所での生活記録や子どもの特性を記録した保育要録を小学校へ送ることにより、子どもたち一人ひとりの異なる「育ち」は保育所修了後、スムーズに小学校へと移行できます。入学してくる子どもに対する学校側の理解が深まり、保護者は安心感を得ることができるでしょう。また保育者にとっても、自分自身の保育を振り返ることで、気づきや課題を見つけ出し、保育の質をより高めることができます。

ただし、よりよい保育要録を作成するためには、入園時から保護者との信頼関係を築いておくことが大切です。また、懇談会や面接といった行事や園便りなど、保育所の取組みに保護者も応じ、互いが積極的に協力して保育を積み上げていこうとする意識が必要です。

ここ!!
保育要録

第1章 保育要録の基本を知ろう！

小学校と保育要録で連携する

保育所であそびとして経験したことは、小学校では知識とつながっていきます。また、保育所の活動をとおして見られた子どもの個性や創造力は、子どもの「育ち」として、卒園後も引き続き支える必要があります。その役割を果たすのが保育要録なのです。2018年度から始まった「保育所児童保育要録」の新様式には、保育所保育指針に新たに加わった「幼児期の終わりまでに育ってほしい姿」10項目（以下、「10の姿」）が掲げられています。この「10の姿」は到達すべき目標ではなく、それぞれの項目をとおして子どもに育まれている資質・能力をとらえるためのものです。

生きる力とは

保育所での「育ち」を、それ以降の生活や学びの発達につなげる「育ちの連続性」を担うのが保育要録です。その連続性の根幹となっているのが「生きる力」といえます。保育所の保育は、「子どもが現在を最も良く生き、望ましい未来をつくり出す力の基礎を培う」（保育所保育指針・総則）ように、「生きる力」の習得を目指し充実した毎日を送ることを心がけています。以下、「生きる力」を要約します。

・いかに社会が変化しようと、自分で課題を見つけ、自ら学び、自ら考え、主体的に判断し、行動し、よりよく問題を解決する資質や能力。
・自らを律しつつ、他人とともに協調し、他人を思いやる心や感動する心など、豊かな人間性。
・たくましく生きるための健康や体力。(平成8年・中央教育審議会)

保育要録は小学校でどう使われるか

入学してくる子どもの様子を把握する際や、クラス編制を考える際に、保育要録は大いに参考になります。また、入学後に気になる様子が見られたときに、いつからどのように同様の様子が見られるようになったか、詳しい情報を得るために保育要録を活用します。

保育要録は学校の通知表のように、評価が数値で示されるわけではありませんが、子どもの気になる様子を読み解くヒントは数多くあります。保育要録記載事項の中の、子どもの育ちに関わることや、子どもの健康状態に関わることなどを、問題解決のためにさまざまな角度から小学校での指導の参考にできるのです。よって、保育要録を書く側も、しっかりとした心構えで臨む必要があるでしょう。

保育要録の様式フォーマットを見よう

保育要録は、厚生労働省が示した様式に従って、各市区町村が作成したフォーマットを使用します。

◆入所に関する記録◆

【児童の氏名・生年月日・性別】
氏名は楷書で記入し、ふりがなを上欄に記入します。生年月日は算用数字で記入します。

【児童の現住所】
現在生活の拠点としている住所を都道府県名から書き、アパート名なども省略せずに書きます。

【保護者の氏名・現住所】
保護者の氏名と現住所を都道府県名から書きます。現住所が子どもと同じ場合は「児童の欄に同じ」と記入します(ゴム印も可)。

【保育期間】
入所には市区町村が通知した入所年月日を、卒所には卒園する予定の年月日を記入します。

【就学先】
児童が就学予定の小学校の正式名称を記入します。

【施設長名及び担当保育士名】
施設長・担当保育士ともに氏名を記入します。

【保育所名及び住所】
保育所名は正式名称を記入し、住所は都道府県名から記入します。

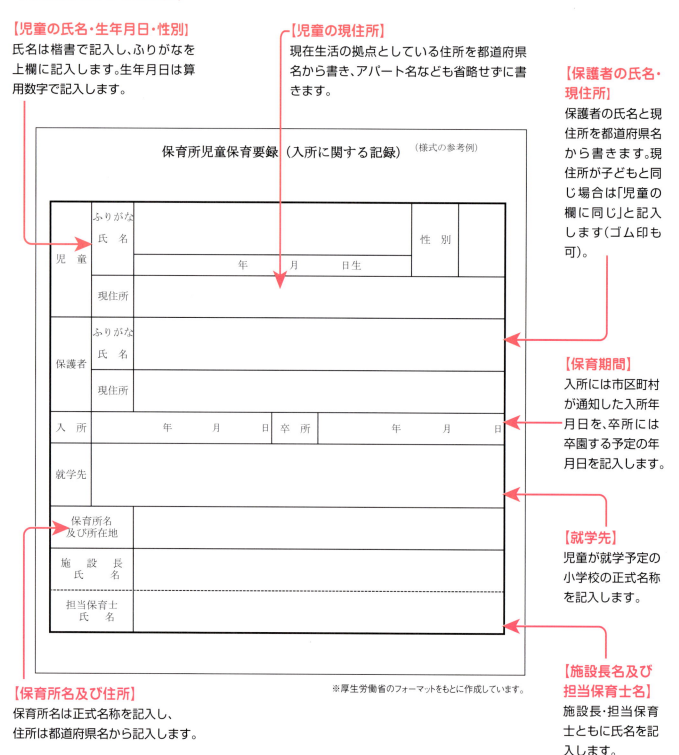

※厚生労働省のフォーマットをもとに作成しています。

◆保育に関する記録◆

【児童の氏名・生年月日・性別】
氏名は楷書で記入し、ふりがなを上欄に記入します。生年月日は算用数字で記入します。

A ～ E は次ページ参照。

保育所児童保育要録（保育に関する記録）（様式の参考例）

本資料は、就学に際して保育所と小学校（義務教育学校の前期課程及び特別支援学校の小学部を含む。）が子どもに関する情報を共有し、子どもの育ちを支えるための資料である。

ふりがな 氏名		保育の過程と子どもの育ちに関する事項	最終年度に至るまでの育ちに関する事項
生年月日	年　月　日	（最終年度の重点）　A	E
性別		（個人の重点）　B	

ねらい（発達を捉える視点）		（保育の展開と子どもの育ち）　C
健康	明るく伸び伸びと行動し、充実感を味わう。	
	自分の体を十分に動かし、進んで運動しようとする。	
	健康、安全な生活に必要な習慣や態度を身に付け、見通しをもって行動する。	
人間関係	保育所の生活を楽しみ、自分の力で行動することの充実感を味わう。	
	身近な人と親しみ、関わりを深め、工夫したり、協力したりして一緒に活動する楽しさを味わい、愛情や信頼感をもつ。	
	社会生活における望ましい習慣や態度を身に付ける。	
環境	身近な環境に親しみ、自然と触れ合う中で様々な事象に興味や関心をもつ。	
	身近な環境に自分から関わり、発見を楽しんだり、考えたりし、それを生活に取り入れようとする。	
	身近な事象を見たり、考えたり、扱ったりする中で、物の性質や数量、文字などに対する感覚を豊かにする。	
言葉	自分の気持ちを言葉で表現する楽しさを味わう。	
	人の言葉や話などをよく聞き、自分の経験したことや考えたことを話し、伝え合う喜びを味わう。	
	日常生活に必要な言葉が分かるようになるとともに、絵本や物語などに親しみ、言葉に対する感覚を豊かにし、保育士等や友達と心を通わせる。	
表現	いろいろなものの美しさなどに対する豊かな感性をもつ。	
	感じたことや考えたことを自分なりに表現して楽しむ。	
	生活の中でイメージを豊かにし、様々な表現を楽しむ。	（特に配慮すべき事項）　D

幼児期の終わりまでに育ってほしい姿

※各項目の内容等については、別紙に示す「幼児期の終わりまでに育ってほしい姿について」を参照すること。

- 健康な心と体
- 自立心
- 協同性
- 道徳性・規範意識の芽生え
- 社会生活との関わり
- 思考力の芽生え
- 自然との関わり・生命尊重
- 数量や図形、標識や文字などへの関心・感覚
- 言葉による伝え合い
- 豊かな感性と表現

保育所における保育は、養護及び教育を一体的に行うことをその特性とするものであり、保育所における保育全体を通じて、養護に関するねらい及び内容を踏まえた保育が展開されることを念頭に置き、次の各事項を記入すること。
○保育の過程と子どもの育ちに関する事項
＊最終年度の重点：年度当初に、全体的な計画に基づき長期の見通しとして設定したものを記入すること。
＊個人の重点：1年間を振り返って、子どもの指導について特に重視してきた点を記入すること。
＊保育の展開と子どもの育ち：最終年度の1年間の保育における指導の過程と子どもの発達の姿（保育所保育指針第2章「保育の内容」に示された各領域のねらいを視点として、子どもの発達の実情から向上が著しいと思われるもの）を、保育所の生活を通して全体的、総合的に捉えて記入すること。その際、他の子どもとの比較や一定の基準に対する達成度についての評定によって捉えるものではないことに留意すること。あわせて、就学後の指導に必要と考えられる配慮事項等について記入すること。別紙を参照し、「幼児期の終わりまでに育ってほしい姿」を活用して子どもに育まれている資質・能力を捉え、指導の過程と育ちつつある姿をわかりやすく記入するように留意すること。
＊特に配慮すべき事項：子どもの健康の状況等、就学後の指導において配慮が必要なこととして、特記すべき事項がある場合に記入すること。
○最終年度に至るまでの育ちに関する事項
子どもの入所時から最終年度に至るまでの育ちに関し、最終年度における保育の過程と子どもの育ちの姿を理解する上で、特に重要と考えられることを記入すること。

※厚生労働省のフォーマットをもとに作成しています。

第1章　保育要録の基本を知ろう！

A 最終年度の重点

　最終年度のはじめに、保育者が年間の指導計画に基づいて設定した、園全体、あるいは学年やクラス全体で特に重視してきたことを記載します。これにより、園やクラスなど大きな視点から、保育者がどのような方向性で保育に臨んできたのかがわかります。

B 個人の重点

　最終年度の終わりに、1年を振り返り、その子どもの保育にあたって、特に重視してきたことを記載します。何ができた、できないということではなく、その子どもの育ちの過程として重視してきたことを書きます。

C 保育の展開と子どもの育ち

　最終年度の子どもの姿や保育者の援助について、保育所保育指針に示されている「健康・人間関係・環境・言葉・表現」の「5領域」に関わる子どもの心情・意欲・態度を念頭に置きながら具体的に記載します。「人間関係と言葉」「環境と表現」のように、それぞれの領域が重なり合う場合があるので、総合的にまとめます。さらに、子どもの姿を「10の姿」（「幼児期の終わりまでに育ってほしい姿」10項目：詳細は36ページ参照）と照らし合わせることで、子どもの育ってきている姿を、より明確に小学校教諭に伝えるようにします。

D 特に配慮すべき事項

　慢性疾患や障害、アレルギーなど、日常生活を送るにあたって特に配慮が必要な事項がある場合、ここに記載します。

E 最終年度に至るまでの育ちに関する事項

　Cが、最終年度における子どもの姿と保育者の援助であるのに対し、ここでは、その最終年度の姿に至るまでの入園時から現在までの成長してきた姿と、小学校へとつながる今後の課題を、変化が分かるようにまとめます。保育者がどのような援助をし、子どもがどのように育っているか、その全体像を要領よくまとめ、家庭の事情や配慮が必要な面なども必要に応じて記載します。

管理と記入のルール

保育要録は小学校へ送られる正式な記録です。個人情報も含まれるため、管理や記入には十分な配慮が必要です。

第1章 保育要録の基本を知ろう！

【保護者に説明】

義務化された保育要録について、その内容や目的を保護者にきちんと説明します。書かれた内容については、原則、保護者には開示しないことを伝えておきます。

管理のルール

1. 保育要録原本は保育所が保管する
2. 保存期間は児童が小学校を卒業するまで
3. 厳重に保存できる場所を確保する
4. 責任者を決めてしっかりと管理する
5. 情報の流出に注意する
6. 保存期間が過ぎたら完全に廃棄する

記入のルール

1 手書きの場合は黒ペンを
手書きの場合は黒色のペンを使い、楷書ではっきりと書きます。

2 パソコンは変換ミスに注意
変換ミスで誤入力していないか、しっかりと見直します。

3 修正液は使用禁止
訂正する場合は、二重線をひいて訂正印を押します。

4 保育所全体で協力して作成
担当保育者が記入しますが、保育所全体で協力して作成します。

保育所児童保育要録の取扱い上の注意

(ア) 保育所児童保育要録の作成、送付及び保存については、以下①から③までの取扱いに留意すること。また、各市区町村においては、保育所児童保育要録が小学校に送付されることについて市区町村教育委員会にあらかじめ周知を行うなど、市区町村教育委員会との連携を図ること。
① 保育所児童保育要録は、最終年度の子どもについて作成すること。作成に当たっては、施設長の責任の下、担当の保育士が記載すること。
② 子どもの就学に際して、作成した保育所児童保育要録の抄本又は写しを就学先の小学校の校長に送付すること。
③ 保育所においては、作成した保育所児童保育要録の原本等について、その子どもが小学校を卒業するまでの間保存することが望ましいこと。
(イ) 保育所児童保育要録の作成に当たっては、保護者との信頼関係を基盤として、保護者の思いを踏まえつつ記載するとともに、その送付について、入所時や懇談会等を通して、保護者に周知しておくことが望ましいこと。その際には、個人情報保護及び情報開示の在り方に留意すること。
(ウ) 障害や発達上の課題があるなど特別な配慮を要する子どもについて「保育の過程と子どもの育ちに関する事項」及び「最終年度に至るまでの育ちに関する事項」を記載する際には、診断名及び障害の特性のみではなく、その子どもが育ってきた過程について、その子どもの抱える生活上の課題、人との関わりにおける困難等に応じて行われてきた保育における工夫及び配慮を考慮した上で記載すること。
　なお、地域の身近な場所で一貫して効果的に支援する体制を構築する観点から、保育所、児童発達支援センター等の関係機関で行われてきた支援が就学以降も継続するように、保護者の意向及び個人情報の取扱いに留意しながら、必要に応じて、保育所における支援の情報を小学校と共有することが考えられること。
(エ) 配偶者からの暴力の被害者と同居する子どもについては、保育児童保育要録の記述を通じて就学先の小学校名や所在地等の情報が配偶者（加害者）に伝わることが懸念される場合がある。このような特別の事情がある場合には、「配偶者からの暴力の被害者の子どもの就学について（通知）」（平成21年7月13日付け21生参学第7号文部科学省生涯学習政策局男女共同参画学習課長・文部科学省初等中等教育局初等中等教育企画課長連名通知）を参考に、関係機関等との連携を図りながら、適切に情報を取り扱うこと。
(オ) 保育士等の専門性の向上や負担感の軽減を図る観点から、情報の適切な管理を図りつつ、情報通信技術の活用により保育所児童保育要録に係る事務の改善を検討することも重要であること。なお、保育所児童保育要録について、情報通信技術を活用して書面の作成、送付及び保存を行うことは、現行の制度上も可能であること。
(カ) 保育所児童保育要録は、児童の氏名、生年月日等の個人情報を含むものであるため、個人情報の保護に関する法律（平成15年法律第57号）等を踏まえて適切に個人情報を取り扱うこと。なお、個人情報の保護に関する法令上の取扱いは以下の①及び②のとおりである。
① 公立の保育所については、各市区町村が定める個人情報保護条例に準じた取扱いとすること。
② 私立の保育所については、個人情報の保護に関する法律第2条第5項に規定する個人情報取扱事業者に該当し、原則として個人情報を第三者に提供する際には本人の同意が必要となるが、保育所保育指針第2章の4（2）ウに基づいて保育所児童保育要録を送付する場合においては、同法第23条第1項第1号に掲げる法令に基づく場合に該当するため、第三者提供について本人（保護者）の同意は不要であること。
（厚生労働省／保育所保育指針の適用に際しての留意事項について　平成30年3月30日）

保育要録作成の手順

保育要録は、子どもたちの「育ち」の記録を集大成したものといえます。
ここでは、保育要録を作る流れを簡単に説明します。

保育要録作成までの流れ

保育所では、保育所保育指針に基づいた保育計画を立て、その園独自の保育を行っています。保育要録は、保育所から小学校へ、「保育所で育まれてきた子どもの全体像」を総合的に示すメッセージで、小学校教育に活用され役立ててもらうことが第一目的です。保育要録の下書きを終えたら、施設長（園長）に確認してもらい、清書し完成となります。

職員全員で保育要録を作成する

保育要録の作成は、送付責任者の施設長（園長）と当事者である年長児クラスの担任だけが行うのではありません。「子どもの育ち」について、すべての職員で話し合うことが必要になります。園により違いがありますが、保育要録を学ぶ園内研修や、職員同士のミーティングの機会を増やすなどにより、全員で保育要録を作る態勢にしましょう。

保育の計画 → 保育の実践

長期指導計画（年・期・月）
短期指導計画（週・日）

■子どもの育ちの記録■
● 保育日誌　● 個人記録
● 児童票　● 連絡帳　など

保育要録の作成 → 送付 → 小学校 → 育ちの連続性を継続

▲年（期）の記録フォーマット例　　▲日誌フォーマット例　　▲保育要録

保育要録を楽しんで書く

保育要録を単に何人もの子どもたち一人ひとりに対して、「必ず書かなくてはいけないもの」と考えると、感覚的に「義務的な書類」となって憂うつで嫌な気持ちになってしまいます。

日誌を見返せば「あぁ、こんなこともあったなー」と、数々の思いが蘇るはずです。それは子どもたちの記録であるとともに、保育者が毎日どのような思いでその子を見守り、1年間関わってきたかという記録でもあります。子どもの育ちは、保育者としての育ちでもあるのです。その記録を、新しい世界へ飛び立つ子どもたちのために次へと引き継いでもらうという、保育者の誇りが詰まったものが保育要録なのです。子どもたちとの、いろいろな思い出を楽しみながら書いてください。

記録を保育要録に生かす

保育記録を記す目的は三つです。一つは子どもの成長を連続してとらえるためであり、二つ目は保育者が自身の保育を振り返るため、もう一つは保育要録に生かすためです。

すべてが育ちの記録

保育所の記録は、子どもたちの成長やその時々の課題、保育者の援助や気づきが凝縮された記録の集大成です。また、記録することにより職員全員が情報を共有でき、さらに保育に生かすことができます。ですから、記録は子どもの成長が目に見えるように、より具体的に書くことが大切です。日々の記録が面倒だと感じることがあっても、すべてが育ちの記録となって子どもの成長に生かされることを思い、しっかりと記録していきましょう。

保育要録にまとめる

日々の記録を保育要録に生かすためには、記録の仕方にポイントがあります。子どもたちをただ記録するだけでなく、そこから見えてくる課題や、必要な援助なども同時に書き込んでおくとよいでしょう。また、月毎や期毎の記録を参考にして、全体の中から見えてくる子どもの特徴をとらえておくと、一人ひとりの様子が書きやすくなります。そして、個人票に記載されている子どもの家庭環境や病歴なども参考にして、子どもの育ち全体をうまくまとめます。

■主な記録の種類と特徴■

［保育実践上の記録］

● 保育計画（年間指導計画／月間指導計画／週案／日案／個別指導計画等。）

● 保育記録

① 保育日誌（日の記録。保育終了後当日に書く。1日の子どもの姿と出来事、保育者の援助を記録する。その日の反省を翌日の保育に生かすためのもの。延長保育日誌、給食日誌等。）

② 週案日誌（1週間分の日の記録をまとめたもの。連続した子どもの成長と、クラスの成長が分かる。）

③ 期の記録（期内の経過記録。前期・後期の2期や、4～6月・7～9月など3、4か月の4期に分けるなど、園により異なる。期単位の成長が分かる。）

④ 個別の保育経過記録／個別の発達記録簿（一人ひとりの子どもの記録。随時書く園、定期的に書く園など、園により異なる。子ども個人の育ちが分かる。）

⑤ 他に家庭連絡帳（「園便り」、「クラス便り」などの場合もある）、行事記録、保健便り等。

［保育所管理のための記録］

● 児童票／出席簿／事務日誌／給食関係記録簿／延長保育登録名簿等。

保育記録の取り方5条

記録を取ることは、日誌でも年の記録でも保育の実施状況を振り返り、これはと思う子どもの姿と保育の形を、具体的に記すという作業にほかなりません。

1条　5W1Hをメモしておく

毎日の保育の中には多くの出来事や気づきがあります。それらすべてを1日の終わりにまとめようと思っていても、記憶力には限界があります。そこで、ポケットにコンパクトなメモ帳とペンを入れておき、5W1H（いつ・誰が・どこで・何を・なぜ・どのように）をそのつど簡単にメモしておくとまとめやすいでしょう。

2条　子どものつぶやきを見逃さない

保育の記録には出来事だけを記録するのではなく、子どもが発した言葉も記録しておきます。子ども同士の会話や、何気ない子どもの独り言に、成長を実感したり、子どもの隠された心情を発見することができるかもしれません。

3条　援助は具体的に書いておく

保育者が実際に子どもに行った援助の詳細について書いておきます。援助が必要だったいきさつ、援助の内容、援助の効果や課題、今後の関わり方など、子どもの成長の変化なども詳しく記しておきましょう。

4条　発達の特徴が分かるように

子どもの発達は横並びではなく、一人ひとりの発達のスピードは当然異なります。その子どもが発達する様子を、できるだけ具体的に記すことが大切です。

5条　反省と評価を忘れない

記録をつけることによって、保育者自身の保育内容の反省点や課題がはっきりと浮かび上がってきます。効果が見られた援助や、気づいてあげることができなかった子どもの心情など、文字にすることでそれらがより明確になります。

保育記録の種類を見よう

保育所の記録には法律で定められた公的なものから、担当保育者のクラス通信まで種々あります。保育要録に密接なつながりのあるものを示しました。

園により違いがある記録

記録の種類（14ページ参照）と書式は、園により違います。ここではT県の児童票、S保育園の日誌、個別の年（期）の記録（年毎の保育経過記録）の一部を抜粋しました。

▼【児童票（児童調査票）】

家族構成から住環境、出生記録、発育歴まで、子どものすべてを示します。担当保育者が記入するもので、例はT県の書式です。

▲【保育日誌】

クラス毎に毎日、保育の実施状況を担当保育者が記録します。S保育園の書式例で、裏面には個別の様子や出来事を、保育者の配慮・援助と併せて記入します。

＊日誌裏面

日々の記録		（ 6 月15日・水 ）
名　前	子どもの様子	保育者の配慮・援助
埼多摩 健	協同制作に積極的に取り組んでいる。道具の順番で自分で先に取ってしまいトラブルになる。	トラブルになった2人から話を聞き「ふたりで一緒に使おうか」「健くんも『かしてね』っていおうね」と提案する。
熊本 エミリ	ままごとあそびで、外国の風習を演じてみせるなど、次々と発展させてリーダーシップを取る。	エミリちゃんの話に目をかがやかせる子どもたちに、「一緒にやってみようか」と声かけをした。
飯田橋 新	自分の名前を鉛筆を正しく持って、書き順も間違えずに書ける。器用に折り紙も作っている。	字がうまくかけない子どもには、好きな絵を描かせるようにした。

以下略

あれば役立つ記録

●月単位の個別記録●

ここには示しませんが、日々の記録を整理したもので養護と5領域の観点から整理し、年（期）の記録をまとめる際に役立ちます。日々の保育を再確認でき、必要な援助と発達の課題が分かります。園によりない場合もあります。

▼【個別の年（期）の記録】

1年毎の子どもの成長を、期に分けて記したものです。養護と5領域の観点から、それぞれ要点を押さえてコンパクトにまとめています。例はS保育園の書式ですが、4期に分かれている園もあります。

第1章 保育要録の基本を知ろう！

○年度　経過記録（ 5 歳児）　氏名 飯田橋 新（いいだばしあらた）　○年10月13日生

園長印　主任印　担当印

入園・進級の状況 家庭・成育状況 他		3歳児のとき入園。延長保育をしている。 会社員の父と専業主婦の母。本年2月に生まれた妹の4人家族。	
内容		前期（ 4 月～ 8 月）	後期（ 9 月～ 3 月）
養護（生活）	①生命の保持	のんびり屋で登園時間が遅くなりがち。食事も時間がかかるがふつうの量を食べる。自分だけのペースを崩さないが、「これおいしいよ」など他の児童にもすすめている姿が見られる。初めてのものも食べようとする意欲がある。	～ 略 ～
	②情緒の安定	2月に妹が生まれて、母親になかなか甘えられない状況になり、その欲求がたまっている。保育者が話を聞いたり、スキンシップを多く取るなどし今は安定している。	
	③食事	野菜が苦手で、量を調整しながら食べられるようになり、6月中旬頃から、ある程度の量を食べられるようになった。	
	④排泄	特に問題なし。尿意をうったえた児童につられてトイレに行くこともある。	～ 略 ～
	⑤睡眠	保育時間が約10時間と長いため、午睡時間を調整している。	
	⑥着脱	えりやシャツが変なとき、友だちから「何か変だよ」と言われ、自分から鏡の前でチェックするようになった。薄着ですごすことが多い。	
	⑦清潔	泥あそびの後、手洗いをていねいに行わず汚れが残っていた。「ばい菌が口に入ると病気になっちゃうぞ」と言うと、その後手洗いを進んで行うようになった。	
教育（あそび）	①健康	保育者も一緒になってくまさん雑巾（雑巾がけ）を楽しんでいると、友だちとくまさん車（手押し車）の順を相談して交代で使うなど、みんなに合わせる協調性が見られた。	
	②人間関係	買い物ごっこあそびに入れてもらえず、友だちを叩いてしまった。悔しい、寂しいというマイナスの感情からと見られる。「前にも叩かれたからイヤなんだって」と伝え、友だちにも「ごめんなさい。もうしない」って言っていると話しかけて、お互いの気持ちを仲介してあげると、話し合って一緒に遊ぶようになった。	
	③環境	春の遠足会で行ったどんぐり山で、虫探しやネイチャーゲームに熱中していた。自然物のあそびにも抵抗なくでき、関心を持って聞いてくる。	～ 略 ～
	④言葉	読み聞かせのとき、集中して聞くことができず、うろうろと歩きまわってしまう。絵本や動物図鑑などの視覚的なもののほうが分かりやすく集中できる。七夕のたんざく作りのときから、自分の名前を正しく書くようになった。	
	⑤表現 あそび 運動	絵本「スイミー」や「すいぞくかん」の歌から、海の生物に興味を持つようになり、生き物のまねをして遊んだり図鑑に見入ったりしている。 サーキットあそびに熱中した後、長縄跳びに関心を持ち毎日のように友だちと楽しんでいる。大波のときもリズムよく跳べるまで上達している。	
その他			

19

保育要録よくあるギモン①

Q1 転園してきた子や、転園した子はどうするの？

保育要録は、その子どもが卒園する保育所が作成します。例えば入園から長い期間ほかの保育所にいて、数か月しか在園しなかった場合も同じです。そこで、転園する際には、子どもの育ちや援助などの情報を転園先の保育所にしっかりと伝え、互いに十分に連絡を取り合うことが重要です。保育要録には前の園から得た情報も併せて記載します。

Q2 「幼稚園幼児指導要録」とどこが違うの？

「幼稚園幼児指導要録」は以前から送付が義務づけられていましたが、「保育所児童保育要録」は2009年から義務づけられました。管轄でいうと、幼稚園は文部科学省、保育所は厚生労働省と異なるため、要録に使われる文言が多少違っています。しかし、どちらも子どもの育ちの連続性に注目し、小学校での指導に役立ててもらうために送付するという意味合いは同じです。子どもの育ちの連続性という観点で、小学校と連携することが大切でしょう。

▲文部科学省のフォーマット

Q3 要録は小学校へどのように送付されるの？

保育要録は、保育所の園長が小学校へあらかじめ連絡後、直接持参するか郵送することが多いようです。ただし、市区町村の保育課がまとめて送付するケースもあります。

[大阪府門真市の例]
①各保育所は作成した要録の写しを、小学校毎に仕分けて保育幼稚園課に送付する。
②保育幼稚園課は各小学校に送付する。

伝わる保育要録の書き方

第2章

保育記録を要録に生かす

いよいよ保育要録作りです。保育要録は日々の保育記録の積み重ねです。保育記録から、生き生きした子どもの育ちをすくい上げるポイントを紹介しましょう。

ポイント1　月単位、期毎の個別記録が重要

保育要録を書くとき、毎日の記録を見返しながら作り上げるのは大変な作業ですし、必要のない情報も多すぎます。月や期毎の記録から、子どもの気になることや大きな変化をピックアップし、日付順に並べると簡単に整理できます。

ポイント2　一人ずつ記録を作っておく

できれば大判ノート等に、インデックスで個別に分けた記録をまとめて書きましょう。日誌から時系列に並べ、メモ程度を書いておくだけでも、年（期）毎の個別記録にも役立ちます。また、情報の確認も簡単にでき便利です。

ポイント3　職員間で「育ち」を共通理解する

職員室に園児の名前を週毎にでも、一覧表で貼っておくという方法もあります。その一覧表に、担当保育者以外の職員が気づいたこと、心に残った出来事等を書き込んだり、メモを貼るなどします。担当保育者が気づかなかったことや、見ていなかった子どもの「育ち」が得られ、また多くの情報を職員間で共有できます。

ポイント4　差し込み式ファイル等で記録類を整理

保育日誌から、個別の記録まで保育所には、さまざまな記録があります。いざ保育要録に使う段になったとき、散乱していては探す手間だけで大変です。種類毎、学年毎、クラス毎にきちんと分け、不要なものを処分しながらファイル化しておきましょう。

ポイント5　具体的な援助をチェック

保育者がどのように子どもの思いを受け止め、関わり、援助したかが記されているかをチェックしましょう。保育要録に書く際に、保育者による具体的な援助が示された情報なら、比較的簡単に整理できます。あらかじめ付箋をつけておくなどするとよいでしょう。

保育要録のまとめ方

数年間にわたる膨大な保育の実践記録を、たった1枚の保育要録にまとめるのは大変困難な作業です。記録の読み方、使い方のポイントをまとめました。

一年の援助の記録から子どもの育ちをつかむ

日々の記録から、保育者がどのような環境作りと援助をし、子どもが成長したかを整理し、子どもの育ちを考察します。自分がその子どもに対して、どう関わり援助したかを振り返りましょう。小さな気づきが、子どもの育ちになっていることが分かるはずです。

記入例

	日々の記録	（6月15日・水）
名　前	子どもの様子	保育者の配慮・援助
〜〜〜	〜〜〜	〜〜〜
飯田橋　新	自分の名前を鉛筆を正しく持って、書き順も間違えずに書ける。器用に折り紙も作っている。	字がうまく書けない子どもには、好きな絵を描かせるようにした。

▲日々の記録から事柄と援助を見る。

○年度　経過記録（　5　歳児）　　氏名 飯田橋 新（いいだばし あらた）

教育（あそび）	①健康	保育者も一緒になってくまさん雑巾（雑巾がけ）を楽しんでいると、友だちとくまさん車（手押し車）の順を相談して交代で使うなど、みんなに合わせる協調性が見られた。
	②人間関係	買い物ごっこあそびに入れてもらえず、友だちを叩いてしまった。悔しい、寂しいというマイナスの感情からとみられる。「前にも叩かれたからイヤなんだって」と伝え、友だちにも「ごめんなさい。もうしない」って言っていると話しかけて、お互いの気持ちを仲介してあげると、話し合って一緒に遊ぶようになった。
	③環境	春の遠足会で行ったどんぐり山で、虫探しやネイチャーゲームに熱中していた。自然物のあそびも抵抗なくでき、関心を持って聞いてくる。
	④言葉	読み聞かせのとき、集中して聞くことができず、うろうろと歩きまわってしまう。絵本や動物図鑑などの視覚的なもののほうが分かりやすく集中できる。七夕のたんざく作りのときから、自分の名前を正しく書くようになった。
	⑤表現あそび運動	絵本「スイミー」や「すいぞくかん」の歌から、海の生物に興味を持つようになり、生き物のまねをして遊んだり図鑑に見入ったりしている。サーキットあそびに熱中した後、長縄跳びに関心を持ち毎日のように友だちと楽しんでいる。大波のときもリズムよく跳べるように上達している。
その他		

▲年（期）の経過記録に整理して記入する。

ポイント2 「子どもの育ち」を箇条書きにしよう

入園から現在までの子どもの成長を、5領域毎に分類し、発達の姿と保育所での配慮・工夫を、それぞれ箇条書きにすると、整理しやすくなります。そして各項目が「10の姿」のどれに結びつくのかを確認することで、子どもの援助で最も重視してきた点（個人の重点）がわかってきます。箇条書きなので、読み返すのも楽です。

ポイント3 職員で話し合い情報を深める

できれば全職員で共通の資料を見ながら、一人ひとりの子どもの育ちについて話し合うとよいでしょう。自分一人の見方に偏らず、いろいろな意見を参考にできます。

ポイント4 「長所」ではなく「伸びた点」を書く

保育要録は問題点をあげつらうのでないことは当然ですが、かといって子どもの長所を述べるだけではダメです。保育所で子どもがさまざまな体験をし、それを糧にどんな成長を遂げたのかをライトアップします。それを小学校の担任が理解して、子どもの成長を引き続いて援助できるようにするのが保育要録の役割です。

ポイント5 「下書き」をチェックしてもらう

下書きができたら、清書する前に職員みんなでチェックするとよいでしょう。担任同士で交換したり、全員で読み込むことで要録の完成度が高められます。

[下書きのチェックポイント]
①子どもを肯定的に見ているか。
②総合的に5領域をとらえ、偏りはないか。
③「10の姿」に照らし合わせ、できた、できないではなく、育ちの過程として記載されているか。
④保育者や園の援助の仕方が記されているか。
⑤自分の目で見た子どもの姿を、自分の言葉で記しているか。
⑥子どもの個人情報が過度に記されていないか。
⑦小学校の指導者に送るメッセージという観点でまとめているか。
⑧特に配慮すべき事項に書きもれはないか。

ポイント6 「清書」は慎重にしよう

チェック箇所を直したら、施設長（園長）に最終確認をしてもらいましょう。OKがでたら、いよいよ清書です。大切なのは保育要録は「公式」な書類だということを忘れず、誤字脱字に注意し、最後まで慎重に記入することです。

第2章 伝わる保育要録の書き方

保育要録の書き方8条

保育要録はただの保育の記録ではありません。
情報を上手に伝えるためには書き方にコツがあります。

保育所で子どもが育ち成長してきた過程を、小学校へつなげようとするのが保育要録です。その子らしさや長所などを明解に分かりやすく伝えるには、いくつかのポイントがあります。

1条
子どもの「しようとする姿」を伝える

2条
言葉を慎重に選ぶ

3条
園だけの用語は使わない

4条
他の子どもと比較しない

5条
自分の基準や考えで判断しない

6条
子どものきわだったよい点、行動を表す

7条
事実の羅列でなく成長を表す

8条
領域が重複することを考えて

1条 子どもの「しようとする姿」を伝える

「〜ができた」「〜ができない」といった結果だけではなく、その子どもがどんな意欲でどう取り組んだのか、その過程が重要になります。子どもの「しようとする姿」を広い視野でとらえ、伝えることが大切です。

記入例

文字や数に関心がなく、読み書きができない。

集団においては、文字や数の話に集中することはできないが、保育者が1対1で向き合うと興味を示す。絵本やカードを見てゆっくりと取り組んでいる。

2条 言葉を慎重に選ぶ

子どもを表現するときの言葉選びには慎重さが必要です。物事の二面性を考え、できるだけマイナスイメージの言葉は使わず、前向きに表現するようにします。保育者の否定的な思い込みでとらえていないか、第三者に目を通してもらうことが必要でしょう。

記入例

わがままで自己主張が強く、友だちに暴言を吐くなどの場面もよく見られる。

自分の意見がはっきりしていて、感情の激しい面があるが、保育者にうながされると冷静になり、状況を理解できるようになる。

第2章 伝わる保育要録の書き方

3条　園だけの用語は使わない

普段園内で使い慣れているクラス名、行事名、施設名なども、その保育所独自のもので、園外の人には通じない場合があります。誰が読んでも理解できるような一般的な言葉に言い換えることが必要です。

記入例

正義感が強くてやさしい。「あるけあるけ大会」で近くの公園まで行ったときにも、年下の園児の面倒を進んでよくみていた。

正義感が強くやさしい。園の行事で近くの公園まで歩いてピクニックに行ったときも、年下の園児の面倒を進んでよくみていた。

4条　他の子どもと比較しない

保育要録は、その子どもの育ちの過程を記録するものです。よって、成績表のように優劣をつけて評価するものではありません。その子どもなりの成長過程を、ありのままにとらえるようにします。他の子どもと比べて記述するのではなく、「10の姿」を活用し、その姿に向かってどのように成長しているのかを記述します。

記入例に関連する「10の姿」
- 健康な心と体
- 自立心

記入例

他の子どもと比べて全般的に動作がゆっくりしている。特に着替えに時間がかかり、保育者が手伝わないと時間に間に合わないこともある。

動作がていねいで何事もマイペース。着替えのときも洋服をきちんとたたむので時間がかかるが、保育者がうながすと急いで終えようとする。

5条　自分の基準や考えで判断しない

子どもについて自分が感じたことを、事実であるかのように断定的に書くのは禁物です。自分の意見を自覚してきちんと区別しないと、正確な情報が伝わりません。感想や推測と事実を混同しないようにしましょう。

記入例

全般的におとなしく、あまり意欲が感じられない。

積極的に人前に出ることはないが、仲のよい友だちとは楽しそうに話をしている。好きな絵本の話をうながすと、少しずつ話してくれる。

6条　子どものきわだったよい点、行動を表す

他の子どもと比較して「～ができない」「～が嫌い」「～が苦手」などと決めつけずに、あくまで育ちの過程として子ども全体をとらえます。その子どもの性格や長所が具体的に分かるように書くことが大事です。

記入例

体を動かすことが嫌いで、園庭での運動あそびにもあまり参加したがらない。走ることや遊具を使ったあそびも苦手である。

体を動かすことはあまり好きでなく、園庭でのあそびにも率先して参加することはないが、鉄棒などをていねいに指導すると、素直にくり返し練習し、体得しようとする努力家の面が見られる。

第2章　伝わる保育要録の書き方

7条　事実の羅列でなく成長を表す

具体的に伝えようとするあまり、事実を並べただけにならないようにします。エピソードから見えてくる子どもの成長や今後の課題など、広い視野でとらえることが大切です。

記入例

動植物が大好きで、園の花をきれいだと眺めては、水やりもよくやっている。園で飼っているウサギも大好きでエサやりを好んでやっている。散歩の途中でイヌやネコを見かけると近づいてさわろうとする。また、公園に咲いている花が気に入り、折って持ち帰ってしまったことがある。

動植物に対する愛情が豊かである。園で飼育しているウサギや、草花の面倒を積極的にみている。気に入った花があると折り取ってしまうことがあるので、植物の命の大切さについての理解がより深まるとよい。

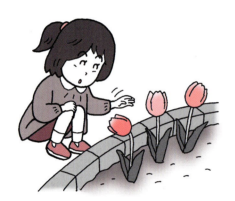

8条　領域が重複することを考えて

「保育の展開と子どもの育ち」では「健康・人間関係・環境・言葉・表現」の5領域について記すことになります。この5領域は「言葉と人間関係」「環境と表現」のように領域が重なり合う場合があるので総合的に書くようにします。

記入例

【例1】
体を動かすことが好きで、特に園庭でのドッジボールが大好きである【健康】。いろいろな子に積極的に声をかけては楽しむ姿が見られる【人間関係】。また、サッカークラブに所属していて、好きなサッカー選手の話を保育者によくしている【環境】。

【例2】
絵本が大好きで【環境】、仲のよい友だちと絵本を見ながら楽しそうにしている姿がよく見られる【人間関係】。お遊戯会のポスターを上手に描いて貼り出されたことが大きな自信となり【表現】、文字を書くことにも興味を抱き、おえかきちょうによく書いている【言葉】。

「育ち」が伝わる文章表現

保育要録に書く内容が決まったら、あとは文章でどう表現するか。書き方一つで印象はまったく違ってきます。上手に伝わる文章表現のポイントを押さえましょう。

第2章 伝わる保育要録の書き方

ポイント1 簡潔な文章を心がける

一文にダラダラと事例だけを並べないようにします。
ポイントを選んで効果的に文章を区切り、簡潔さを心がけましょう。

記入例

戸外でのあそびが大好きで、ドッジボールやサッカーなどの得意な球技に友だちを誘って園庭で遊んだり、得意のかけ足で鬼ごっこをしたり、変身ごっこなどのあそびを創作したり、砂場でトンネルを作ったりして楽しんでいる。

▼

友だちを誘い戸外で遊ぶことが大好きで、かけ足も速い。特にドッジボールやサッカーなどの球技が得意だが、ごっこあそびなどを自由に創作して楽しむこともできる。

ポイント2 同じ言葉をくり返し使わない

一つの文章に同じ言葉をくり返し使うと、意図が伝わりにくくなります。
別の表現や言い方に変えることで、スッキリと読みやすくなります。

記入例

食事に対する意欲が少なく、食べ物に好き嫌いはないが、食事をするのがゆっくりで時間がかかってしまう。保育者が食事に対する意欲が持てるよう言葉をかけると、ゆっくりだが完食することもある。

▼

食べ物に好き嫌いはないが、食事に対する意欲が少なく、時間がかかってしまう。保育者がうながすと、自分のペースで完食しようと努力する。

要点を絞り込む

多くを伝えたいという思いから、たくさんの事柄を詰め込みすぎないこと。
優先順位に迷う場合は、箇条書きにしてみて要点を絞り込むとよいでしょう。

記入例

以前は一人きりでいることが多く、自己主張することもなく、気が弱くおとなしい印象だったが、気の合う仲のよい友だちができたことにより、楽しそうに過ごしていることが増えた。集団の中でも大きな声で話をするなど、笑顔でいることも増え、時には他の友だちに気軽に声をかけ、ごっこあそびを楽しんだりしている。保育者に楽しかった出来事などを報告してくれる。

▼

以前は一人きりでいることが多くおとなしい印象だったが、気の合う友だちができて楽しそうにしている。集団の中でも会話やあそびを楽しみ、笑顔でいることが増えた。保育者に楽しかった出来事を報告してくれる。

「〜させる」は保育者の目線になる

「〜させる」という書き方には、子どもの主体性が見えてきません。
つい使ってしまいそうな表現ですが、あくまで子ども主体の文章にします。

記入例

排泄面がまだ自立できない。寒いときなどは下痢をしやすいので、腹痛を訴えたらすぐにトイレに行かせるように習慣づけた。

▼

排泄面がまだ自立できない。寒さを感じるような日は便をすることが多いので、腹痛を感じたらトイレに行くよううながしている。

32

ポイント5 **あいまいはダメ！具体的に書く**

「積極的に活動している」などのあいまいな表現では、具体的なイメージがわきません。実際のエピソードを交えて子どもの様子を書きましょう。

記入例
手先が器用で、制作全般に興味がある。

▼

手先が器用なだけでなく発想も豊かで、画用紙や段ボールなどを使って、他の子にはない自分のイメージで自分なりに表現できる。

ポイント6 **否定・断定はしない!!**

独断による否定的・断定的な言い方に気をつけましょう。たとえ今はできなくても、それは発達段階にあるためで、可能性に注目することが大切です。

記入例　［否定する表現］
入園時から落ち着きがなく、あそびや読み聞かせでも、集中できずにさわいでしまう。

▼

理解力がありいろいろなことに興味を持つため、一つのことに集中力が続かないことがある。

記入例　［断定する表現］
他の子と遊ぶことをせず、積極的に関わろうとする意欲がない。

▼

自分一人でのあそびに集中していることが多いが、砂場でのあそびに気の合う子が加わり楽しそうにしている。

第2章 伝わる保育要録の書き方

「5領域」ごとの書き方のポイント

「保育の展開と子どもの育ち」では、保育の「ねらい」である5つの領域について、その育ちの姿と保育者の援助を書きます。

「健康・人間関係・環境・言葉・表現」の5領域に関わる、主に最終年度の姿や援助について、子どもの心情・意欲・態度を念頭に置きながら具体的に記載します。「人間関係と言葉」「環境と表現」のように、それぞれの領域が重なり合う場合があるので、総合的にまとめます。

●健康●　健康な心と体を育て、自ら健康で安全な生活をつくり出す力を養う。

ねらい
（1）明るく伸び伸びと行動し、充実感を味わう。
（2）自分の体を十分に動かし、進んで運動しようとする。
（3）健康、安全な生活に必要な習慣や態度を身に付け、見通しをもって行動する。

［保育所保育指針「第2章保育の内容3 3歳以上児の保育に関するねらい及び内容」より］

記述のポイント

- **生活習慣は身についているか**…着替え、食事、排泄といった生活習慣が身についているかについて記載します。ただし、他の子どもと比較したり、「年長なのにこれができない」といったような表現はしないように注意します。
- **子どもの体調と配慮を具体的に**…子どもの普段の体調や気質について記載し、注意点や具体的な援助の仕方などについても紹介すると、小学校での指導に役立ちます。
- **清潔を保つ、安全面への配慮など**…身の回りを清潔に保っているか、あそびの中で、自分や友だちの安全に注意を払えているか、不十分な場合は、その配慮などについて記載します。

●人間関係●　他の人々と親しみ、支え合って生活するために、自立心を育て、人と関わる力を養う。

ねらい
（1）保育所の生活を楽しみ、自分の力で行動することの充実感を味わう。
（2）身近な人と親しみ、関わりを深め、工夫したり、協力したりして一緒に活動する楽しさを味わい、愛情や信頼感をもつ。
（3）社会生活における望ましい習慣や態度を身に付ける。

［保育所保育指針「第2章保育の内容3 3歳以上児の保育に関するねらい及び内容」より］

記述のポイント

- **友だちや保育者との関わりは**…友だちや保育者とのコミュニケーションは十分とれているか、相手の気持ちを思いやる心の成長などについて記載します。
- **集団生活とルールは身についているか**…保育所での集団生活におけるルールを子ども自身がどのようにとらえ、よいこと、悪いことをどう認識しているかについて記載します。
- **異年齢や地域との交流では**…あそびの中で、年下の子どもの面倒をみたり、地域での交流の中で、お年寄りなど地域の方々とどのような交流があったかについて記載します。

●環境●

周囲の様々な環境に好奇心や探究心をもって関わり、それらを生活に取り入れていこうとする力を養う。

ねらい
- （1）身近な環境に親しみ、自然と触れ合う中で様々な事象に興味や関心をもつ。
- （2）身近な環境に自分から関わり、発見を楽しんだり、考えたりし、それを生活に取り入れようとする。
- （3）身近な事象を見たり、考えたり、扱ったりする中で、物の性質や数量、文字などに対する感覚を豊かにする。

[保育所保育指針「第2章保育の内容3 3歳以上児の保育に関するねらい及び内容」より]

記述のポイント

- **●自然、生き物への興味、関わり**…身近な自然や、生き物の不思議さや大切さへの関わりを記載します。
- **●命を大切にする気持ちの育み**…小さな生き物にも自分と同じ命があり、大切にしなくてはいけないこと、命をいたわり、大事に思う気持ちが育まれているかについて記載します。
- **●社会や文化、数量、図形などへの関心**…自然や生き物以外にも、自分をとりまく社会や文化、図形、数字、標識、文字への関心などについて記載します。

●言葉●

経験したことや考えたことなどを自分なりの言葉で表現し、相手の話す言葉を聞こうとする意欲や態度を育て、言葉に対する感覚や言葉で表現する力を養う。

ねらい
- （1）自分の気持ちを言葉で表現する楽しさを味わう。
- （2）人の言葉や話などをよく聞き、自分の経験したことや考えたことを話し、伝え合う喜びを味わう。
- （3）日常生活に必要な言葉が分かるようになるとともに、絵本や物語などに親しみ、言葉に対する感覚を豊かにし、保育士等や友達と心を通わせる。

[保育所保育指針「第2章保育の内容3 3歳以上児の保育に関するねらい及び内容」より]

記述のポイント

- **●自分の気持ちを言葉で表す**…自分の思いや考え、不安などを自分なりに言葉で表現する姿を記載します。
- **●相手の話を理解する**…人の話を聞き、理解するという姿について、その育ちを記載します。
- **●絵本や文字への関心**…絵本や物語に興味をもち、楽しむ姿を記載します。

●表現●

感じたことや考えたことを自分なりに表現することを通して、豊かな感性や表現する力を養い、創造性を豊かにする。

ねらい
- （1）いろいろなものの美しさなどに対する豊かな感性をもつ。
- （2）感じたことや考えたことを自分なりに表現して楽しむ。
- （3）生活の中でイメージを豊かにし、様々な表現を楽しむ。

[保育所保育指針「第2章保育の内容3 3歳以上児の保育に関するねらい及び内容」より]

記述のポイント

- **●美しいものを愛でる姿**…花や昆虫、絵画、音楽など、その子どもが心を動かされた物事について記載します。
- **●感じる力、表現する力の成長**…自分の感じたイメージを自分なりに表現する力とその成長を記載します。
- **●工夫する姿を書く**…身近にあるものを工夫して使う姿、粘り強く自分の思いを形にしていく姿を記載します。

第2章 伝わる保育要録の書き方

「10の姿」活用のポイント

「幼児期の終わりまでに育ってほしい姿」（10の姿）を活用し、子どもに育まれている資質や能力をとらえ、育ちつつある姿を記述します。

幼児期の終わりまでに育ってほしい姿

次に示す「幼児期の終わりまでに育ってほしい姿」は、第2章に示すねらい及び内容に基づく保育活動全体を通して資質・能力が育まれている子どもの小学校就学時の具体的な姿であり、保育士等が指導を行う際に考慮するものである。

[保育所保育指針「第1章総則4幼児教育を行う施設として共有すべき事項(2)幼児期の終わりまでに育ってほしい姿」より]

ア 健康な心と体	保育所の生活の中で、充実感をもって自分のやりたいことに向かって心と体を十分に働かせ、見通しをもって行動し、自ら健康で安全な生活をつくり出すようになる。
イ 自立心	身近な環境に主体的に関わり様々な活動を楽しむ中で、しなければならないことを自覚し、自分の力で行うために考えたり、工夫したりしながら、諦めずにやり遂げることで達成感を味わい、自信をもって行動するようになる。
ウ 協同性	友達と関わる中で、互いの思いや考えなどを共有し、共通の目的の実現に向けて、考えたり、工夫したり、協力したりし、充実感をもってやり遂げるようになる。
エ 道徳性・規範意識の芽生え	友達と様々な体験を重ねる中で、してよいことや悪いことが分かり、自分の行動を振り返ったり、友達の気持ちに共感したりし、相手の立場に立って行動するようになる。また、きまりを守る必要性が分かり、自分の気持ちを調整し、友達と折り合いを付けながら、きまりをつくったり、守ったりするようになる。
オ 社会生活との関わり	家族を大切にしようとする気持ちをもつとともに、地域の身近な人と触れ合う中で、人との様々な関わり方に気付き、相手の気持ちを考えて関わり、自分が役に立つ喜びを感じ、地域に親しみをもつようになる。また、保育所内外の様々な環境に関わる中で、遊びや生活に必要な情報を取り入れ、情報に基づき判断したり、情報を伝え合ったり、活用したりするなど、情報を役立てながら活動するようになるとともに、公共の施設を大切に利用するなどして、社会とのつながりなどを意識するようになる。
カ 思考力の芽生え	身近な事象に積極的に関わる中で、物の性質や仕組みなどを感じ取ったり、気付いたりし、考えたり、予想したり、工夫したりするなど、多様な関わりを楽しむようになる。また、友達の様々な考えに触れる中で、自分と異なる考えがあることに気付き、自ら判断したり、考え直したりするなど、新しい考えを生み出す喜びを味わいながら、自分の考えをよりよいものにするようになる。
キ 自然との関わり・生命尊重	自然に触れて感動する体験を通して、自然の変化などを感じ取り、好奇心や探究心をもって考え言葉などで表現しながら、身近な事象への関心が高まるとともに、自然への愛情や畏敬の念をもつようになる。また、身近な動植物に心を動かされる中で、生命の不思議さや尊さに気付き、身近な動植物への接し方を考え、命あるものとしていたわり、大切にする気持ちをもって関わるようになる。
ク 数量や図形、標識や文字などへの関心・感覚	遊びや生活の中で、数量や図形、標識や文字などに親しむ体験を重ねたり、標識や文字の役割に気付いたりし、自らの必要感に基づきこれらを活用し、興味や関心、感覚をもつようになる。
ケ 言葉による伝え合い	保育士等や友達と心を通わせる中で、絵本や物語などに親しみながら、豊かな言葉や表現を身に付け、経験したことや考えたことなどを言葉で伝えたり、相手の話を注意して聞いたりし、言葉による伝え合いを楽しむようになる。
コ 豊かな感性と表現	心を動かす出来事などに触れ感性を働かせる中で、様々な素材の特徴や表現の仕方などに気付き、感じたことや考えたことを自分で表現したり、友達同士で表現する過程を楽しんだりし、表現する喜びを味わい、意欲をもつようになる。

保育所保育指針の第1章総則に示された「幼児期の終わりまでに育ってほしい姿」は、これまでは「5領域」（健康・人間関係・環境・言葉・表現）によってとらえてきたものに加え、具体的な10の視点から見ていこうとするものです。「保育の展開と子どもの育ち」では、園における子どもの成長を連続的なものとしてとらえ、小学校での児童の指導に生かされることを念頭に記入します。

　ただし、10の視点は成長のゴールとすべき目標ではありません。したがって項目別に記入する必要はなく、すべてについて要録で取り上げなくてはいけないわけではありません。幼児の発達の姿について偏りや不足がないかを確認し、育ちつつある姿と指導の過程をわかりやすく、全体的かつ総合的にとらえて記入することが大切です。

第2章 伝わる保育要録の書き方

記述のポイント

健康な心と体
園生活の中で積極的に体を動かしてチャレンジし、達成感を味わうことができたか。また、健康な心と体のための、身の回りの衛生面や生活習慣、整理整頓が身についているかなどについて書きます。

自立心
身の回りの準備を進んで行えたか、他者からの指示でなく、自分で考え行動できたかがポイントです。成功や失敗の体験をくり返す中で、自ら考え取り組める姿勢ができているかを書きます。

協同性
遊びの中で友だちとイメージを共有したり、異なる考えを擦り合わせする過程では、言葉が重要になります。ケンカをしたり、喜びを分かち合う中で育まれた協同性について書きます。

道徳性・規範意識の芽生え
道徳・規範意識は、大人が言葉で禁止事項を説くよりも、友だちとの関わりの中で楽しく学ぶほうが身につきます。園生活の中で学んだ社会のルール、人を思いやる気持ちなどについて書きます。

社会生活との関わり
母の日などの記念行事や、地域のボランティア体験を通じて、家族や地域とのよりよい関わりを築くことができたか。また、インターネットなどを介する情報の扱い方の認識についても書きます。

思考力の芽生え
身の回りのさまざまな事象に興味を持ち、考えて工夫をする経験ができたか。また、自分の意見を発する一方で、友だちの意見をしっかりと聞いて、考えを高めることができたかなどについて書きます。

自然との関わり・生命尊重
自然の大切さに気付くには、身の回りの自然に触れることが第一です。あそびの中で自然物のおもしろさに気づき、動物の飼育を通して命の大切さに気付きます。自然と関わってきた内容について書きます。

数量や図形、標識や文字などへの関心・感覚
小学校から学習が始まる算数や国語ですが、あそびや園生活の中で、数字やひらがな、図形などに親しんでおくことは大切です。絵本や乗り物を介した文字や標識などへの理解度について書きます。

言葉による伝え合い
言葉で伝え合う力を育むためには、自分の言葉を伝える以上に、相手の話をきちんと聞くことが大切です。実際の経験から生まれた言葉、そこで友だちと共有できたことなどについて書きます。

豊かな感性と表現
子どもが豊かな感性を十分に表現するには、それを肯定してもらう場が必要で、それが次の意欲につながります。発表の場などの表現以外にも、感動から出た言葉や行動などについて書きます。

注）本書の第4章・第5章に掲載した実例で、添削箇所が、これら「幼児期の終わりまでに育ってほしい姿」ア〜コに該当する場合には、その番号を記しました。

知っ得コラム
保育要録に生きる記録の取り方

1 情報共有を進める

①話しやすい、相談しやすい職場・職員関係を築く。
②クラス会議⇒職員会議⇒全体会議を共通理解の場とする。休憩時のお茶を飲みながらのミーティング等を活用し共通理解を深める。
③各担任の様式、書き方を統一する。
④記録はできるだけ「記録室」を設け、そこで記入する。
⑤旧担任から新担任への申し送り記録を徹底する。

2 「連絡用ノート」の活用

3歳以上になると毎日の連絡帳より、子どもからの言葉による連絡や案内の手渡しなどのほうが多くなります。特別な事項など必要なときにだけ、連絡帳の代わりに小型のノートを使ってもよいでしょう。日誌と併せれば、正確な記録となります。

3 日案の活用

何を準備し、どこに置けば、あそびや活動がよりスムーズになるかを、保育者は日案の見取り図（環境構成図）に具体的に示します。保育室と園庭がつながった環境構成図（平面図）として表し、その日の子どもたちの動きを記入すると毎日のよい記録となります。時系列で書いたり、保育者の思いを書き添えたりすると、保育要録作成で振り返る際に便利です。

4 のりつき付箋紙の活用

大きめののりつき付箋紙に、気づいたことをメモし、日誌に貼りつけておきます。職員で共有する表がある場合はそこに添付しておき、後で整理するといろいろな視点で記録が集まり、情報が立体的にとらえられます。

第3章

保育要録文例集

保育の過程と子どもの育ちに関する事項

保育要録の「保育の過程と子どもの育ちに関する事項」には、最終年度の子どもの姿と、保育者の援助について書きます。保育指針に示された5つの領域（健康・人間関係・環境・言葉・表現）について、子どもの保育を振り返り、保育者の発達援助の視点を踏まえた上で記述します。

最終年度の子どもの育ちを書く

項目は①最終年度の重点、②個人の重点、③保育の展開と子どもの育ち、の3つに分かれます。①は年度始めに決めた重点、②と③は、年度終わりに振り返ってまとめ、記入します。いずれも最終年度（5、6歳）の子どもの育ちと、そのために保育者が行った援助について書きます。

各領域の「ねらい」を参考に

「保育の展開と子どもの育ち」の欄には、健康・人間関係・環境・言葉・表現の5領域が記され、さらに各領域毎に3項目の「ねらい」が記されています。この「ねらい」は、保育の目標を具体化したものなので、チェックポイントの参考にしましょう。

子どものよさを中心に

子どもができるようになったことや、よい面がどのように伸びたかなど、子どものよさを中心に記述しましょう。できなかったことは、保育者がそのことについてどのように関わり、配慮したかを書き、今後の課題や援助のコツを伝えます。

具体的な実例をあげる

「外あそびが好き」「鉄棒が得意」だけでなく、好きな遊具や、鉄棒の得意種目、連続で何回できたか（または何回を目標にがんばっていたか）など、子どもの園生活の姿が目に浮かぶように、なるべく具体的な実例をあげて書きましょう。

領域の重なりを意識する

現実の場面では5領域が重なる事例も多く見られます（例えば「発表会でダンスの練習を積極的に行い、それをとおして知り合った他児童と仲よしになった」→表現と人間関係の重なりなど）。重なる場合は、特に重点を置いた項目のそばに記述するようにします。

10の姿との関わりも意識する

「幼児期の終わりまでに育ってほしい姿」（36ページ）は、保育所保育で育みたい子どもの資質や能力についてを、具体的に記したものです。到達すべき目標としてとらえるのではなく、記載内容を参考に、子どもがどう育っているかを肯定的にとらえるようにします。

最終年度の重点・個人の重点 文例集

「最終年度の重点」は、保育者が年度始めに設定したクラス目標などを、「個人の重点」は、年度終わりに振り返り、その子どもについて重視した点を記載します。

最終年度の重点

友だちと助け合い、励まし合いながら、力を合わせて一緒に遊び、生活する楽しさを味わう。

集団生活の中で、それぞれの役割に責任をもって取り組み、自信をもって行動する。

してもいいこと、悪いことを判断し、自分で考えて行動する。

自分の力を信じ、あきらめずに最後までやりとおす。

自分の思いを相手に伝えるとともに、相手の思いを聞き、受け入れる。

さまざまな体験をとおして、仲間と一緒に努力する喜びを共有し合い、達成感を味わう。

感じたことやイメージをふくらませ、自分なりに表現して楽しむ。

小学校生活に備えて、基本的な生活習慣を身につける。

アイディアを出し合い、行事や共同制作に意欲的に取り組む。

体を使って遊び、自分なりに目標を立ててチャレンジする。

年長の自覚を持ち、異年齢児にやさしく思いやりをもって接する。

友だちと考えを出し合い、話し合ってあそびを進める。

一日の行動の見通しを立て、次にやることの準備をする。

周りの自然や社会に目を向け、興味や関心を深める。

失敗を恐れずに、苦手なことにも挑戦する。

友だちとお互いのよさを認め合い、仲間意識をもって生活する。

友だちとのあそびの中で、ルールを守る大切さを知る。

個人の重点

周囲の状況を把握して、落ち着いて行動する。

自分から進んであそびに参加し、みんなで遊ぶ楽しさを味わう。

試行錯誤をしながら、一つのことを進めていく楽しさを味わう。

友だちとの関わりの中で、相手の気持ちに思いやりをもつ。

集団生活の楽しさと、ルールを守る大切さを学ぶ。

自分の思っていることを言葉に出して友だちに伝える。

自己表現をしながら、友だちと協力して楽しく遊ぶ。

最後まであきらめずにやり遂げて、達成感を味わう。

みんなの前で、自信をもって発表する。

保育の展開と子どもの育ち1・健康

保育の展開と子どもの育ちの健康欄では、「生活習慣と生活態度」「心身の健康状態」「運動の意欲」など、健康の観点から振り返り保育者が行った援助と併せて記述します。

保育所保育指針を読み直す

健康な心と体を育て、自ら健康で安全な生活をつくり出す力を養う。

［保育所保育指針「第2章保育の内容 3 3歳以上児の保育に関するねらい及び内容」より］

■教育に関わるねらい及び内容／健康■

ねらい
❶明るく伸び伸びと行動し、充実感を味わう。
❷自分の体を十分に動かし、進んで運動しようとする。
❸健康、安全な生活に必要な習慣や態度を身に付け、見通しをもって行動する。

内容
❶保育士等や友達と触れ合い、安定感をもって行動する。
❷いろいろな遊びの中で十分に体を動かす。
❸進んで戸外で遊ぶ。
❹様々な活動に親しみ、楽しんで取り組む。
❺保育士等や友達と食べることを楽しみ、食べ物への興味や関心をもつ。
❻健康な生活のリズムを身に付ける。
❼身の回りを清潔にし、衣類の着脱、食事、排泄などの生活に必要な活動を自分でする。
❽保育所における生活の仕方を知り、自分たちで生活の場を整えながら見通しをもって行動する。
❾自分の健康に関心をもち、病気の予防などに必要な活動を進んで行う。
❿危険な場所、危険な遊び方、災害時などの行動の仕方が分かり、安全に気を付けて行動する。

「健康」の領域では体の健康だけでなく、心（情緒）も健康に育っているかについても記述します。生活リズムの乱れは、体だけでなく、心の発達にも影響を及ぼします。学校で集団生活を送る上でのルールや生活習慣が身についているかは、小学校教師にとって関心の高い部分です。

体調や気質については具体的に

子どもの普段の体調や気質については、なるべく具体的にそれについての対処の方法やコツを書くと、小学校教師にとって大変参考になります。

「体調が悪くてもがまんして何も言わないことがあり、注意が必要である。」
どんな症状があり、園ではどのように対応していたのかについて、このままでは分かりません。

↓

［修正例］
「体調が悪くてもがまんして何も言わないことがあり、注意が必要である。特にお腹が痛くなることがたびたびあり、トイレをがまんして言わないでいることが多い。顔色をうかがい、そわそわしているときは『トイレに行ってみる？』と他児に聞こえない小さな声でうながしたりした。」

生活習慣を他の子と比べない

身の回りの整理整頓、食事、排泄などの生活習慣がどこまでできているかは、個々でさまざまです。年長児の時点で、得意なこと、不得意なこと、援助が必要なことについて書き、「他児と比べてどうである」や「年長なのにまだできない」などという書き方はしないように注意しましょう。

生活リズムの乱れと家庭との関係

子どもの生活リズムの乱れは家庭環境が関係していることは明らかですが、それが原因であると断定しないように注意しましょう。

「午前中は睡眠不足のため、いつもボーっとしている。父親の帰りが遅いことが原因で、食事や風呂なども遅く、子どもの寝る時間が24時をまわることもしばしばあるとのことであった。」
推測で断定している上に、園での対応も書かれていません。

↓

［修正例］
「午前中は睡眠不足のため、ボーっとしていることが多かった。保護者に相談したところ、父親の帰りが遅く、それに合わせて食事や風呂などをすませるため、子どもの寝る時間が24時をまわることもしばしばあるとのことであった。園での状況を伝え、眠たそうなときは仮眠をとるなどの対応をした。」

危険についての配慮はあるか

保育指針の内容❿に書かれた「安全に気を付けて行動する」は、園生活において特に災害などに見舞われることがなくても、普段の生活やあそびの中で、子どもが安全面についてどう配慮しているかを記述してもかまいません。例えば、縄とびやボールなど道具を使ったあそびをする場合、他児にぶつからないような配慮ができているかや、遊具の危険なあそび方を好んでするなど、危険についての子どもの認識と、それについての保育者の援助を書きます。

第**3**章 保育要録文例集

保育の展開と子どもの育ち1・健康

保育の展開と子どもの育ち 文例集

ここでは最終年度の児童の様子や保育者の関わりについて書きます。保育所保育指針に沿って「健康」「人間関係」「環境」「言葉」「表現」の5領域に関連させます。

健康

体の健康

ジャンプをほめられて積極的に
巧技台のジャンプあそびで一番になり友だちからほめられた。この自信がバネとなって苦手だった跳び箱が跳べるようになり、逆上がりにも積極的に取り組めた。

> 一つのことをできた自信がきっかけとなり、次々と成功を導いた様子が分かります。

苦手な高さを克服
体を動かすことが好きで、バランス感覚も優れている。高さに恐怖心を持っているが、さまざまな経験の中で自信をつけ苦手意識を克服してきた。

運動好きだが体への負担がある
体を動かすことが好きで楽しんでいた。しかし、体が大きく足首やひざに負担がかかるため、あそびの最中にベンチで休むことが多かった。

いろいろなことに積極的に取り組む
ダンスや水泳が得意で、運動面での興味や関心の幅が広い。できたという喜びを得たいがために、いろいろなことに積極的に取り組もうとしていた。

プールで水に顔をつけられて自信につながる
プールでは水に顔をつけられなかったが、友だちの支えがある中で力を抜いて浮けるようになった。それがきっかけで自信を持ってさまざまなことに挑戦するようになってきた。

平均台が苦手
体を動かして遊ぶことが好きである。平均台など気持ちのコントロールが必要なものは、気持ちが先走ってしまうため、難しそうに取り組んでいることもあった。

> 体を動かすことが好きでも、苦手な運動もあることが伝わります。

目立つ役回りを好む
外でのあそびが大好きで、目立つ役をやりたがる。ルールのあるあそびでは鬼を、ドッジボールでは外野をやりたがることが多かった。

> 児童の自己中心的な性格と、それに気づきを与えようとする保育者の関わりが分かります。

集団ゲームで自分が中心になりたがる
運動が得意で集団ゲームでは自分が中心になりたがり、周囲の不満は本人には受け入れられない。時には審判役やアドバイス役を任せるなど、本人の力を生かす場面を作って援助してきた。

友だちの遊具をほしがる

自己主張が強いためにトラブルになることが多い。友だちの遊具がほしくなり無理矢理取ってしまうが、一定時間使うと手離してしまう。共有の遊具で遊ぶときは、取り合いにならないように十分な数を用意した。

経験を積み意欲的になってきた

生活面での経験を積み重ね、くじけることが少なくなってきた。興味の幅が広がり、運動面でも何でも意欲的に取り組む姿に変わってきている。

> ほめられること、認められることで前向きに取り組めたことが分かります。

尻込みすることがなくなった

生活や活動の中でおとなに認められ、ほめられることで、新しいことに尻込みすることがなくなった。さまざまな運動やあそびに取り組めるようになってきている。

勝ち負けのあるものが好きでない

体を動かすことは好きだが、サッカーやドッジボールなどの球技では負けるのが嫌でやらないことがあった。負けると悔し涙を流すこともあったが、あそびのおもしろさから、徐々に気持ちを切り替えてチャレンジするようになった。

> 努力して苦手なことに取り組むことのできる姿勢と、友だちに対するやさしさが伝わります。

最後まであきらめず挑戦する

できるかどうか分からなくても、興味を持ったことには最後まであきらめず取り組む。苦手な鉄棒も逆上がりに何度も挑戦し、手にマメを作りながらとうとうできるようになった。友だちにもコツを教えてあげて自信もついている。

ルールに対する理解力が高い

運動やあそびのルールに対する理解力が高い。リーダーシップがあり、ドッジボールなどは中心となって活動している。園外でサッカー教室に通っている。

運動が得意ながんばりや

運動が得意で、鉄棒の逆上がりができたこと、跳び箱が跳べたことなどが自信となって次の意欲につながっている。負けず嫌いのがんばりやである。

> 運動が苦手だったけれども、一つのことがきっかけで意欲的になった姿勢がよく表現できています。

ドッジボールを好み、外あそび好きに

外でのあそびが苦手で室内のあそびが多かった。ドッジボールを好んでやり始めたのをきっかけに、他の体を動かすあそびに意欲的になった。

泳ぎを自由に楽しめるようになった

冷たい水が嫌で、プールあそびには消極的だった。友だちにさそわれて入るようになり、今ではプールで水かけをしたり潜ったり自由に楽しめるようになった。

> この文章では、児童の健康、表現、人間関係といった3つの領域が関わっているのが分かります。

あそびを考え出しては楽しむ

運動能力が高く走るのが速い。体を動かすあそびを、工夫をこらしたルールでいろいろと考え出しては、仲のよい友だち数人と楽しんでいる。

できるまで根気強くがんばる
上り棒や鉄棒ができなかったが、根気強くがんばりできるようになった。保育者に得意げに見せて、ほめられるととてもうれしそうにしている。

運動会をきっかけに自信がついた
体を動かすことよりも、室内でのあそびを好んでよくしていた。運動会をきっかけに自信がつき、よく走り、外で体を動かすことを好むようになった。

全般的におとなしいが走るのが速い
決まった友だちと遊んでいることが多い。自己主張することがあまりなく全般的におとなしいが、体を動かすことが得意で走るのが速い。ほめられるとうれしそうにしている。

やる気を見せるようになる
スケーターが大好きだが、なかなか上達しない。保育者が「右足に力を入れて、左足で思いきりけるの」とアドバイスするとスピードが出た。モトクロスコースにも挑戦したいとやる気を見せていた。

> 苦手だった鉄棒に、一つのことがきっかけで意欲的になった姿勢が分かります。

新しい技にいどむ
鉄棒の前回りに挑戦。何度やってもできずにべそをかいてくやしがっていた。保育者が手を腰にそえてくり返し練習してできると大喜びで、次の足かけ回りにいどむ積極性を見せた。

竹馬が得意で友だちに教える
竹馬が得意で、片足ケンケンまでできる。「つま先に力を入れて、前にたおすんだよ」と、友だちにコツを教えている。他の子どもから頼られて自慢げな表情を見せていた。

生活習慣

> これからも課題として、見守りが必要であることが分かります。

整理整頓が得意で几帳面
基本的な生活習慣が身につき、整理整頓が得意な几帳面な性格である。手洗いやうがいもきちんとできるが、衣類の汚れを気にしすぎる傾向があり、砂場でのあそびを好まない傾向があった。

きれいなマナーでよく食べる
食べ物に好き嫌いがなく、食事のマナーを守ってよく食べる。しかしマイペースでよく噛んで食べるため、完食までに時間がかかってしまうことがあった。

見通しをもって片づけができる
整理整頓が好きでていねいに行うため、時間オーバーになっていた。そばで声かけすることで、見通しを持って時間内に終えられるようになってきた。

成長してよく食べるように
入園時は小食で好き嫌いが激しかったが、4歳、5歳と成長するにつれ体をよく動かして、食事も好き嫌いなくたくさん食べるようになった。

食事中も落ち着きがない
落ち着きがなく、食事中に歩きまわったり、立てひざをしながら食べることがあった。そのつど声をかけ、そばで見守ることで落ち着いてきた。

汚れを気にせず、手を洗わない
汚れをあまり気にせず、砂あそびの後でも手を洗わないことがある。石けんを使って洗うよう声をかけ、手洗いの気持ちよさを伝えたことで改善してきている。

配ぜんを楽しむ姿

食事の配ぜんのとき、皿と茶碗、汁碗を並べて犬の顔に見立てていた。よりよいお皿の置き方を保育者がアドバイスしてセットすることを覚えた。友だちの食器もセットしてあげて、ほこらし気だった。

> 見通しを持って生活できることが分かります。

当番活動に意欲的に取り組む

当番活動や手伝いを意欲的に、最後まで責任を持って取り組んでいる。作業の遅い子を手伝うなど、全体を見て行動することができる。

せっかちで雑になりがち

一番になりたい気持ちが強く、食事も早く食べて次のことをしようと、詰め込み食べになる。せっかちで、手洗いや歯磨きでも大ざっぱになってしまうことが多い。あわてずにていねいに行うよう声かけをしている。

> 自分で育てた喜びが、偏食の克服へとつながったことが分かります。

園での栽培で、嫌いな物に挑戦

偏食が激しく、ケチャップやマヨネーズ味は好きだが、煮物や酢の物は食べない。園庭できゅうりを栽培し、自分が収穫したという経験が生きて、口にしなかったものを食べようとするようになった。

> 一つ一つに見通しを持てるような援助が、気づきにつながったことが分かります。

片づけが苦手

整理整頓が苦手で、自分の物を片づけられないことが多かった。いっぺんにではなく一つ一つ、子どもが気づいて行えるように手助けをし、確かめながら行った。

基本的生活習慣が身につき、食事も好き嫌いなくよく食べる

着替え、排泄、睡眠などの基本的生活習慣が身について自立しており、食事も好き嫌いなくよく食べる。

生活リズムが不規則、協調性に欠ける

両親の仕事の都合で生活リズムが不規則になりがち。午前中は特に反応が鈍くマイペースで行動しがちなので、そばに寄り添い声をかけるようにしている。

マイペースだが、基本的生活習慣は自立している

基本的生活習慣が身につき、食事も好き嫌いなくよく食べる。何をやるにもマイペースだが、気分も安定し穏やかである。

> 生活リズムの乱れについて、保護者が課題として理解していることが分かります。

生活リズムが不規則で、すぐに活動に入れない

生活リズムが不規則で、登園後、気持ちを落ち着かせるのに時間がかかり、すぐに活動に入れない。保護者に早めの就寝を心がけるよう説得し、徐々に改善された。

大便をがまんしがち

排尿は自立できているが、排便でそそうをする。恥ずかしさからがまんをしがちなので、特に食事の後には声をかけてうながすようにしている。

> 家庭環境と食生活の問題点、どのような配慮や見守りが必要かが伝わってきます。

遅刻が多く、朝食抜き
母親の仕事の関係で生活リズムが不規則になりがちで遅刻も多い。朝食を抜いて登園することも多く、補食を与えて補うようにした。

排泄回数が多く、がまんから腹痛を起こすことも
排泄の回数が多い。あそびの最中や友だちとのおしゃべりに夢中になると、ぎりぎりまでがまんして腹痛を起こすことがあるので、声をかけてうながした。

> 児童の行動パターンと、きちんと排泄するために必要な援助が表されています。

排泄をがまんしがち、そそうすることも
排泄感をもよおしても、内気でなかなか保育者に声をかけられない。がまんしてそそうすることがあるので、そぶりから声をかけてうながしている。

排尿で失敗することが時々ある
排泄は自立できておりトイレに行って排尿できるが、時おり緊張する場面で失禁することがある。状況から声をかけてリラックスさせた。

おしゃべりに夢中、食べるのが遅い
食事中もおしゃべりをやめない。自分が話し、人のおしゃべりに聞き入り、食事が中断する。保育者がそばでうながし時間内に終えられるようになった。

大便の始末ができず、保育者が手伝う
トイレに行って大便ができるが、後始末ができない。保育者がペーパーをたたむところから少しずつ援助を行い、家庭での協力も求め、できるようになった。

好き嫌いはないが、食事に時間がかかりすぎる
好き嫌いなく一品一品味わって食べるため、食事に時間がかかりすぎることがある。保育者がうながすと、時間を合わせようと努力するようになった。

好き嫌いが激しく、小食気味
食べ物の好き嫌いが激しく、少ししか食べない。同じ食材でも調理の仕方によって好き嫌いが異なる。量を工夫して完食する満足感を与えた。

> 食事に関する気がかりな点と、児童が成長する姿が分かります。

早食いで、食べ物を丸飲みする
食べるのが早く、噛まずに丸飲みする傾向がある。保育者がそばに寄り添い、味や歯ごたえを問いかけながら食事することで少し余裕ができてきた。

お腹がすくと不機嫌になる
食べ物の好き嫌いはないが少量しか食べない。少量で満足するが、お腹がすくと不機嫌になるので、補食を与えて補うようにした。

落ち着きがなく、食事に集中できない

ふざけることが大好きで食事中も落ち着きがない。食べ物を床にこぼしたり、衣類を汚すことが多い。保育者がそばについて食べることで落ち着きが出てきた。

> 児童の性格の特徴が、食べ物にどう反映されたかが伝わります。

嫌いな食べ物の克服に意欲的

牛乳と肉類が嫌いでなかなか完食できない。何でもきちんとやり遂げようとする性格で、嫌いな物も少量ずつ口にして、食べようとする意欲がある。

> 児童の偏食に対して、保護者と園がどのように取り組んできたかが分かります。

偏食が激しく、保護者と共に改善

甘い物が大好きで、園の食事をほとんど食べない。家でのお菓子の量を減らすよう保護者を説得し、園では完食する喜びを味わってもらい、少しずつ解消していった。

はしが上手に使えない

家での食事はスプーンを使っており、はしが上手に使えない。はしでつまむ練習をしたり、はしを上手に使う子どものそばに座らせることでまねて上手になってきた。

整理整頓や片づけが得意なしっかり者

整理整頓が得意で、片づけも短時間で上手にすることができる。周囲にできない子がいると手伝ってあげるしっかり者である。

> 着替えの問題を、友だちをマネるという児童同士の関わりの中で克服できたことが分かります。

着替えに集中できず、時間がかかる

動作が遅い上に、周囲のことに気を取られて着替えに集中できない。着替えの得意な子どもを隣にしたところ、まねることで着替えの時間が短縮できた。

着替えはできるが、衣類をたためない

何でもやりっ放しのことが多く、着替えはできるが、脱いだ服をたたむことができなかった。保育者が毎回見届けを行うことで解消されてきている。

> 児童が体調を崩しがちなタイミングと、体調管理に必要な配慮が分かります。

汗をかきやすく、着替えが必要となる

汗をかきやすく、放っておくと体を冷やすなどして体調を崩すことがある。着替えを持たせるようにして、状況を見て保育者が声をかけるようにした。

動作がていねいで、着替えに時間がかかる

何事もていねいにこなし、整理整頓好き。着替えた衣類をていねいにたたむため時間がかかる。最初はていねいさにこだわったが、保育者の声かけに応じるようになった。

第3章 保育要録文例集

保育の展開と子どもの育ち1・健康 文例集

整理整頓や片づけが苦手

整理整頓や片づけが苦手で、一度に片づけようとして混乱する。保育者がていねいに声をかけ、達成する喜びを与えたところ、少しずつ改善されてきた。

自分の持ち物が管理できない

基本的生活習慣はほぼできているが、自分の物と人の物が区別できないことがある。保育者が声をかけて、確認作業を習慣づけたところ、間違えることは少なくなってきた。

次の活動に移るとき、雑にやってしまう

基本的生活習慣はできているが、次の活動に移るときに雑にやってしまうことがある。最後までていねいに取り組むよう保育者が声をかけることで改善された。

見通しを持つのが得意でない

生活面では見通しを持って行動することが難しく、不安感を抱くことが多い。保育者がていねいに指示を声かけすることで落ち着くことができるようになった。

平日に休むことが多い

両親の仕事の都合で、平日の両親の休みに合わせて休むことが多い。連絡事項の行き違いがないよう、連絡帳は十分に活用している。

交通規則が分かってきた

> 園の行事で交通ルールを楽しみながら学び、実際の生活に生かせるようになったことが伝わります。

活動的ではしゃいでいることが多く、道路沿いを歩くときには危険な場面もあった。交通安全大会の催しをやってから交通ルールが守れるようになった。

心の健康

年長組であることを自覚し年下の子の面倒をよくみる

年長児の自覚をしっかり持ち、年下の子どもの面倒をよくみる。理解できるように分かりやすく話し、援助が必要なことには気持ちよく手助けをしていた。

集団あそびでルールにこだわる

> 性格的なこだわりであそびが中断する可能性があることと、保育者の配慮が分かります。

ルールのある集団あそびで、友だちがルールを守れないとそこをずっと指摘して遊べなくなってしまうことがあった。見守ってあげることで気持ちを切り替えられるようになった。

> あそびを通じた友だちとの関わりの中で、心に変化が表れたことが分かります。

友だちとの関わりを楽しむ

一人でブロックあそびをすることが多かったが、友だちとの関わりを楽しむようになってきた。言えずにがまんしていた自分の気持ちを、友だちに話せるようになっている。

外見についてのコンプレックスを克服

自分の外見についての友だちの言葉を気にして、他児と距離を置いて一人でいることが多かった。気の合う友だちができてから、集団の中にいることが増え、協同あそびも楽しめるようになった。

体調不良時は気持ちに寄り添う

気持ちをコントロールすることが苦手で、気分が落ち込むと、腹痛などの体調不良を訴えてくる。そばにいて気持ちに寄り添うことで回復できるようになった。

人目を気にしすぎて緊張する

人目を気にしすぎる傾向があり、見られるという場面で強い緊張感を抱くことが多い。ほめて認めてあげることで、自信が持てるようになってきた。

> 不安を取り除き、できなくてもいいんだよ、という安心感を与えている保育者の配慮がわかります。

できないことに不安を抱く

できないということに強い不安感を抱き、混乱して泣いてしまうことがある。そばでていねいに指導し、少しずつ達成感を与えることで落ち着いてきた。

穏やかで安定している

状況やその場の雰囲気に左右されることなく、いつも穏やかで安定感を持って過ごしている。素直で友だちも多い。

物おじせず大胆

どんな場面でも、物おじせず自分を表現することができる。時にはかなり大胆なこともするが、人なつっこく誰からも好かれている。

> がんばって認められたことで、性格的な欠点を克服することができたことが表されています。

初めてのことに不安を抱く

初めてのことや場所に緊張や不安があったが、自分でがんばったことが友だちに認められて自信がつき、積極的になってきた。

> 保育者が働きかけをせず根気強く待つことで、児童自身で成長できたことが分かります。

思い通りにならないと泣く

思い通りにならないとかんしゃくを起こして泣き続ける。自分自身で気持ちを切り替えられるのを根気強く待ち続けたところ、泣くことも少なくなり、自己コントロールができるようになってきた。

くじけると立ち直りに時間がかかる

くじけると気持ちをうまく切り替えることができず、立ち直りに時間がかかる。声かけを工夫するなどして、意欲をなくしてしまわないように援助した結果、改善が見られた。

できる自分でいたい

できる自分でいたいという思いが強く、そこが崩れると不安定になってしまう。結果に関わらず認めてあげることで、自分と向き合えるようになってきた。

> 表面的なできるできない以外に、児童の意欲に注目し、今後の課題としているのが記されています。

できる割に自信を持ちきれない

何でもできてしまう割に自信を持ちきれない。自分で本当にやりたいことに意欲を見せ、くり返しやろうとする中で自信につながりつつある。

気に入らないことがあると怒る

自分の気に入らないことがあると怒って訴える。1対1で向き合ってていねいに話すことで、少しずつ気持ちを切り替えられるようになってきた。

第3章 保育要録文例集

保育の展開と子どもの育ち1・健康 文例集

> 集団行動の中で自分をコントロールしようとする気持ちが芽生えたが、引き続き見守りが必要であることが分かります。

自己主張が強い
自己主張が強く集団の中で思う通りにしてきたが、年長になって友だちに指摘されることが増えてきた。集団あそびの楽しさを経験するうちに友だちの大切さに気づき、自分をコントロールしようとする気持ちが芽生えてきつつある。

スキンシップを求める
小さな妹がいてなかなか甘えられず、スキンシップを求めることが多い。ひざに乗せてゆったりと話を聞いてあげることで、落ち着いて友だちの中に戻ることができるようになった。

> 家庭の事情で児童が欲求不満気味であること、それを解消するために必要な配慮が伝わります。

母親が忙しく甘えられない
母親が仕事と弟の世話で忙しく、「お姉さんだから」と母親に言われる中で、自分から甘えられなくなっている。園でお手伝いしてくれたら感謝の気持ちを伝えることで、不満は解消されてきている。

落ち着きがない
集中力に欠け、興味が尽きると落ち着かずに刺激のあるほうに関心が動いてしまう。子どもに視線を合わせて、タイミングよく呼びかけるようにすることで改善が見られた。

集中力が短い
集中できる時間が短い。短時間でできる課題を与え、それを終えたときには自由に好きな本を読んでよいなどとして、集団生活に適応している。

ルールの理解度が高い
ルールをきちんと理解し、積極的に行動できる。ルールを守ることで気持ちよく過ごせることが分かっていて、ゲームにおけるルールの理解度も高い。

リーダー的存在
何をするにもていねいで、今は何をすべきかをしっかりと理解している。周囲に注意し援助するなど、クラスのリーダー的存在である。

> 児童が虐待の記憶から回復するための、具体的な配慮が分かります。

過去にいじめられた経験がある
いじめや虐待により、人に触られると身構えてしまう。室内の暗さに注意し、大きな声は極力避け、常に保育者がそばに寄り添うようにした。

なかなか心を開いてくれない
新しい環境に慣れず、人に心を開くのに時間がかかる。経験を積んで自信がつくにつれ自分を出せるようになり、気持ちが安定して伸び伸びしてきた。

危険行為をやめない
狭いところを走るなど危険行為をする。注意をしてしかるより、一緒に考えながらけじめのある対応をすることで、加減が少しずつ分かるようになってきた。

空想することが大好きで、現実と空想が混在する

空想することが大好きで絵本をよく読んでいる。自分が作った話をよくしてくれるが、現実と空想が混在することがあるので、本人の気持ちを尊重しながら対応した。

人なつっこく、誰彼なく話しかける

人なつっこく、園の職員や来訪者に誰彼なく話しかける。それが歓迎されない場面では、そっと注意すると素直に従ってくれる。

妹が誕生し、しっかりしてきた

妹が誕生したことで、お兄さんらしくしっかりしてきた。妹をよくかわいがり母親の手伝いも行う。園では年下の子の面倒をよくみている。

> 児童の性格的な特徴、必要とされる声かけや、今後に残された課題が見えてきます。

一人で過ごしていることが多い

一人で過ごしていることが多く、援助がほしいときも周囲が声をかけてくれるのを待っている。気軽に話しかけ、会話することの楽しさを感じてもらうような援助を心がけた。

ほめられることがやる気につながる

よく気がつき、保育者の手伝いを好んでしている。ほめられることが次のやる気につながっている。手伝いの後は大いにほめて、自信につなげた。

情緒が安定し、思いやりがある

情緒が安定し、相手の気持ちに寄り添うことができる。思いやりがあり、リーダーとして友だちから信頼されている。

> 園では、幼児語が抜けないことに配慮は不要で、どんどん話をさせる方針であったことが分かります。

幼児語が抜けない

話し方に幼い印象があり、幼児語が時々混ざる。本人はまったく気にする様子がないので、言い直させずに正しい発音を復唱し、どんどん話をさせるようにした。

怖がりな泣き虫

とても怖がりな泣き虫で、新しいことや知らない人を怖がる。しかることなく子どもの気持ちに寄り添い、本人を認めた声かけをするよう援助すると、落ち着いて行動できるようになった。

> 達成感を与えることと、生活リズムを改善させることが、問題の改善に有効であることが分かります。

すぐに「疲れた」を口にする

あまり活動的ではなく、すぐに「疲れた」を口にする。保育者が寄り添って外でのあそびに達成感を感じるようにした。また、保護者との話し合いで生活リズムの乱れを正していくようにしたところ、徐々に改善しつつある。

ごっこあそびが苦手

ルールに対する理解力が高く、ルール制のゲームを好む。一方で、自分でイメージすることが必要なごっこあそびが苦手で、あそびから抜けてしまうことが多い。

保育の展開と子どもの育ち2・人間関係

この領域は、幼児期に作られる人との関わりを振り返るものです。友だちや保育者とのコミュニケーションや思いやり、協同活動での達成感など、子どもの成長をしっかり書きましょう。

> **保育所保育指針を読み直す**
>
> 他の人々と親しみ、支え合って生活するために、自立心を育て、人と関わる力を養う。
>
> ［保育所保育指針「第2章保育の内容 3 3歳以上児の保育に関するねらい及び内容」より］

■教育に関わるねらい及び内容／人間関係■

❶保育所の生活を楽しみ、自分の力で行動することの充実感を味わう。
❷身近な人と親しみ、関わりを深め、工夫したり、協力したりして一緒に活動する楽しさを味わい、愛情や信頼感をもつ。
❸社会生活における望ましい習慣や態度を身に付ける。

❶保育士等や友達と共に過ごすことの喜びを味わう。
❷自分で考え、自分で行動する。
❸自分でできることは自分でする。
❹いろいろな遊びを楽しみながら物事をやり遂げようとする気持ちをもつ。
❺友達と積極的に関わりながら喜びや悲しみを共感し合う。
❻自分の思ったことを相手に伝え、相手の思っていることに気付く。
❼友達のよさに気付き、一緒に活動する楽しさを味わう。
❽友達と楽しく活動する中で、共通の目的を見いだし、工夫したり、協力したりなどする。
❾よいことや悪いことがあることに気付き、考えながら行動する。
❿友達との関わりを深め、思いやりをもつ。
⓫友達と楽しく生活する中できまりの大切さに気付き、守ろうとする。
⓬共同の遊具や用具を大切にし、皆で使う。
⓭高齢者をはじめ地域の人々などの自分の生活に関係の深いいろいろな人に親しみをもつ。

友だちや保育者との関わりを書く

身近な友だちや保育者等と楽しく過ごし、積極的に物事に取り組むことは、幼児にとって大切なことです。他者への理解や思いやりを深めた証しは、保育者の日頃の記録からしか伝わりません。子ども同士の普段の会話や出来事を、メモしておくことが大事です。

【例】
子どもたちに人気のキャラクターの三輪車。順番を決める前にB子が乗ってしまうと、「D子が乗りたかったのに」と泣きそうな声でD子が訴えた。それに気づいたB子が、「D子ちゃん乗る?」と三輪車から降りて譲ってあげた。保育者がB子の思いやりをほめると、照れくさそうにうなずいて笑った。

目的を持って取り組み、成長する姿を書く

友だちと協同して遊んだり、自分で目的を持って物事に取り組むことは、子どもの育ちに欠かせないことです。園生活の中で、期毎の成長を見返して時系列で追うと整理しやすいでしょう。

【例】
年中のときは難しかった、あやとりや折り紙に興味がわいて一生懸命にやっている。手先が器用で、本を見ながらレパートリーを増やしていった。「Rちゃんにあげるよ」と、仲よしの女児にあげたり、連絡帳に貼って保護者に見せたりして喜ぶ。低年齢児とあや取りをしているときは、年長らしい落ち着きぶりを見せている。

意欲的に取り組む姿を書く

子どもが自分の意思で決め、意欲的に物事に向かう姿を見つけてください。いろいろなことにチャレンジし、失敗と成功をくり返して成長することは、小学校でも変わりません。保育者がどんな援助をしたかも触れると伝わり方が違ってきます。

【例】
自分でできないことがあると、不安になる。縄跳びの縄が大きくうねるのを見て、なかなか仲間に入ろうとせず、園庭の隅で見ていた。「先生と一緒に大縄跳びに入ろうよ」と働きかけると、意を決したように「一人で行くよ」といって仲間に入っていった。年長になり「やってみよう」というチャレンジ精神が見えてきた。

人との関わりで学んだことを書く

年長になると異年齢児との交流会や、地域の人との交流も多くなります。人見知りしたり、恥ずかしがったりと、さまざまな環境の変化や体験に子どもたちはとまどうことも多くあります。散歩に出かけたときも、保育者が「こんにちは」と、近所の人にあいさつする姿を見せれば、自然と子どもたちもまねをします。人と人との関わりから学んだ、子どもの姿を具体的に書いてください。

【例】
敬老の日の交流会で、普段は引っ込み思案なF子だが郷里の祖父母に親しんでいたため、物おじせずに「こんにちは」とあいさつができた。一緒にごっこあそびをして、大好きな折り紙を作ってもらい、最後は「ありがとう、また来てね」と喜んでいた。

第3章 保育要録文例集

保育の展開と子どもの育ち2・人間関係

人間関係

自分で行動する

集団あそびに加わるようになった
一人で過ごすかおとなと遊ぶことが多かったが、年長になって自分から集団あそびの輪の中に入るようになった。やりたいあそびに友だちを誘い、一緒に遊ぶこともあった。

自分の意思で行動できるようになった
> 保育者の配慮により自立心が芽生えたことが分かります。

自己判断が必要な場面で、そのつど保育者に「どうすればいい？」と聞いてくることが多かった。保育者が逆に問いかけをすることにより、自分で考えて行動するようになってきた。

当番活動でリーダー的役割
保育者の手伝いや当番活動などを責任を持って行うことができる。友だちとの役割分担が必要な場合は率先して決めるなど、リーダー的役割に喜びを持って取り組んでいる。

積極的に手伝いをする
保育者の話をよく聞いて理解し、後片づけや頼まれたことなど素早く行うことができる。また自ら必要だと感じた保育者の手伝いも積極的に行う。

旺盛な知識欲で追求する
何でも知りたがり、分からないことは積極的に追求する。少し難しいことにも挑戦してやり遂げようとする。みんなの疑問に答えてくれることもあり、頼りにされている。

自分から積極的に関わらない
友だちからあそびに誘われると楽しそうに加わるが、自分から自主的に友だちを誘って遊ぶことが少なかった。友だちとの積極的な関わりが今後の課題である。

思いやりを持って自主的に行動できる
いいことと悪いことの判断がつき、自主的に行動できる。友だちの思いを代弁するなど、思いやりを持って他児と関わることができる。

> 好きなものを見守るという使命から自立心が芽生えたことが理解できます。

自分から動物の当番係になる
園で飼うことになったウサギを気に入り、自らウサギの当番長をかって出た。当番制だが、エサのやり忘れやフンの取り忘れがないかなど毎日確認して、自信を持って活動していた。

周囲との関わり

友だちの気持ちに寄り添う
よく気がついて思いやりがあり、友だちのうれしさや嫌だという気持ちに寄り添うことができる。自分の経験と重ね合わせて、私もそうだったと話をしたり、困ったときはアイデアを提案したりすることができ、友だちに安心感を与えている。

思いを表現できるようになる
自分の世界に入り込みやすい傾向があった。みんなで一つのことに取り組み、おとなの配慮や励ましを受ける中で、状況を理解し思いを表現しようとするようになってきた。

いつも笑顔で誰とでも関わる

友だちの嫌がることをせず、いつも笑顔で穏やかである。言葉巧みに誰とでも関わるので、みんなに好かれている。

自分の気持ちを話せるようになった

自分の思いをなかなか出すことができず、がまんしてしまうこともあった。「自分の気持ちを話していいのだよ」などと声をかけ話せる機会を作ることで、友だちに自分の思いを話せるようになってきている。

> 保育者の配慮によって自信が生まれ、心に変化が生まれたことが分かります。

集団での取り組みで自己主張できない

みんなで一つのことに取り組むときに、主張したいことがあっても言い出せないことが多かった。保育者にうながされて発表したことがほめられてから、心に秘めた思いを活動の中で、少しずつ表現できるようになった。

> 人との関わりが心の成長につながっていることが分かります。

人の役に立つことで情緒が安定

園での生活には見通しを持ち、積極的に取り組んでいる。片づけや当番など、自分でできることが喜びになり、友だちの役に立っているという自覚が情緒の面でも安定につながった。

クラスのムードメーカー

リーダー的な存在でクラスのムードメーカー。運動が得意で、集団あそびでもみんなを輪に誘って楽しむため、クラスの友だちの中でもあこがれられている。

トラブルを解決するアイデアの持ち主

友だち同士のトラブルによいアイデアを出して、解決に導いてくれることがある。ユニークなひと言で、その場が和やかな雰囲気になることがあった。

> 問題点ははっきりしていても、修正はできておらず、課題となっていることが分かります。

一人の友だちとしかつき合わない

気の合う友だちとばかり一緒にいて、自分の思う通りにしようと強い言い方をする。他児の前ではなかなか本音を言えない分、その子の前だと主張が強くなってしまう。他児との交流、思いやる気持ちが課題である。

自分を受け入れてくれる人が好き

その人との関わりの深さよりも、自分の思いや行動を受け入れてくれる人が大好きである。初対面でもすぐに打ち解けて愛想もいいため、人に好かれる。

> 相手と積極的に関わろうと努力していることが分かります。

人と十分に関わることができる

保育者や友だちとの関わりも十分でき、自分の気持ちを素直に伝えられる。相手を思いやり、人によって伝え方や表現を変えて自分の思いを伝えよう、話を聞こうとしている。

相手を受け入れられるようになってきた

相手が自分の思う通りにならないとイライラして他の子にあたることがあった。保育者が声かけを続ける中で、自分の意見を主張しつつ、友だちの意見を聞いて会話ができるようになってきた。

第3章 保育要録文例集 — 保育の展開と子どもの育ち2・人間関係 文例集

態度が平等で慕われている

強い相手、弱い相手など人によって態度を変えずに、平等につき合うことができる。年下の子にはあそびの順番を譲るなどやさしいため、よく慕われている。

> 友だちとのトラブルの場面で、保育者の援助が必要だったことが分かります。

言葉より先に手が出てしまう

普段は活発で明るく誰とでも仲よくできるが、もめごとが起こったときに相手をぶって解決しようとする。保育者が間に入り「どうしたかったの」と問いかけることで、自分の気持ちを言葉で伝えられるようになってきた。

年下の子とばかり遊ぶ

同じ年齢の友だちと遊ぶことがなく、年下のクラスに行って遊んでいることが多かった。同年齢の友だち同士のあそびに誘えば参加するが、自分からは入っていかない点が今後の課題である。

友だちの意見も受け入れる

マイペースで、周囲の状況よりも自分のやりたいことを押しとおすところがあった。いろいろな経験をする中で、自分の思いを周りに伝え、友だちの意見も受け入れるようになった。

> おとなの援助が必要になる場面、今後の課題があることが読み取れます。

頑固でなかなか仲直りができない

頑固な面があり、友だちと仲直りができない。相手が意図してやったことでなくても、許せないという気持ちになる。友だち同士のケンカにも口をはさみ、解決にならない場面が見られた。素直さや柔軟さが今後の課題である。

話し合って仲直りできるようになった

行き違いから友だちとトラブルになることがあり、自分の思いを強く訴えて興奮して泣くこともある。保育者が仲立ちになって両方の話を聞くことで、気持ちを切り替えられるようになった。

社会生活

相手の話を聞くことができる

自分の考えや思いをしっかりと持っているが、相手にそれを押しつけることはない。相手の話をよく聞きながら、受け入れることができる。

年下の子にやさしく、慕われる

年下のきょうだいがいるせいか、年下の子どもとの接し方がうまい。思いやりを持ってやさしく接するため、よく慕われている。

> 児童の性格的な特徴、その子らしさがよく理解できます。

困っている友だちに手を貸せる

正義感が強く、間違ったことをしたりルールを守らない友だちには、はっきりと意見を言うことができる。困っている友だちには手を貸して手伝ってあげる姿が見られた。

自分の思いを押しとおそうとする

みんなで一つのことに取り組むときに、自分の思いを押しとおそうとする姿があった。集団での活動を積み重ねる中で、相手の思いを聞こうとする姿勢になってきている。

相手のことも考えられるリーダー的存在

自分の思い通りに周囲を動かそうとする強引さが見られたが、友だちとのぶつかり合いの中で、相手のことも考えられるようになった。思いを聞いてまとめようとする、リーダー的な存在である。

> あいさつはできるけれど、人との交流にとまどう子どもの姿が伝わります。

あいさつはできるが人見知り

恥ずかしがりやで人見知りをする。初対面のあいさつはしっかりできるが、それ以降の会話は相手の様子をうかがいながら慎重にしている。

自分中心の思いが強い

みんなで何かに取り組むときに「自分が」という思いが強かった。いろいろな経験をする中で、状況を理解し考えながら行動できるようになってきた。

あそびの順番をきちんと守れる

あそびの場面では順番やルールをきちんと守り、守れない友だちを注意する。あそびに使った遊具や玩具は大切に扱い、自ら進んで片づけることができる。

> 自分で反省し謝れるようになった、成長ぶりが理解できます。

トラブルの後、素直に謝ることができる

思ったことを何でもすぐに口にして、友だちとトラブルになることがある。保育者が声をかけて反省をうながしていたが、自分でよくなかったと反省して、友だちに謝れるようになってきた。

あいさつがしっかりできる

人なつっこく、園の来客者には進んであいさつができる。散歩の途中で会った人にも元気に「おはよう」「こんにちは」と場面に応じたあいさつができる。

> 児童の物を大切にしようとする姿勢、生活態度がよく表現できています。

物を大切にする

遊んだ遊具や玩具はきちんと片づけができる。物の扱い方がていねいで、大切にしようとする気持ちがうかがえる。

恥ずかしがりやであいさつが苦手

恥ずかしがりやで、打ち解けてくれるまで少し時間がかかる。初対面でのあいさつがなかなかできなかったが、小さな声でしてくれるようになった。

はしゃぎすぎて邪魔をすることがある

いつも元気で明るく、おもしろいことを言っては周りを楽しませてくれる。たまに調子に乗って、他の子の発表に茶々を入れて邪魔をしたり、行きすぎた行動をすることもあるが、声をかけるとすぐに理解できる。

> 問題解決能力が高く、リーダーシップがあることが分かります。

ルールを作って対立を避ける

園庭でのあそびでグループ同士が場所取りでもめ事が続いたことがあった。1回ずつ交代してやること、ジャンケンでやる順番を決めることを提案して、もめ事を回避することができた。

保育の展開と子どもの育ち3・環境

環境には自然環境はもちろん、保育者や友だち、身近な人たちとの人的環境、あそびや活動で身体感覚を伴う体験ができる物的環境まで含まれます。

保育所保育指針を読み直す

周囲の様々な環境に好奇心や探究心をもって関わり、それらを生活に取り入れていこうとする力を養う。　　［保育所保育指針「第2章保育の内容　3 3歳以上児の保育に関するねらい及び内容」より］

■教育に関わるねらい及び内容／環境■

❶身近な環境に親しみ、自然と触れ合う中で様々な事象に興味や関心をもつ。
❷身近な環境に自分から関わり、発見を楽しんだり、考えたりし、それを生活に取り入れようとする。
❸身近な事象を見たり、考えたり、扱ったりする中で、物の性質や数量、文字などに対する感覚を豊かにする。

❶自然に触れて生活し、その大きさ、美しさ、不思議さなどに気づく。
❷生活の中で、様々な物に触れ、その性質や仕組みに興味や関心をもつ。
❸季節により自然や人間の生活に変化のあることに気づく。
❹自然などの身近な事象に関心をもち、取り入れて遊ぶ。
❺身近な動植物に親しみをもって接し、生命の尊さに気づき、いたわったり、大切にしたりする。
❻日常生活の中で、我が国や地域社会における様々な文化や伝統に親しむ。
❼身近な物を大切にする。
❽身近な物や遊具に興味をもって関わり、自分なりに比べたり、関連付けたりしながら考えたり、試したりして工夫して遊ぶ。
❾日常生活の中で数量や図形などに関心をもつ。
❿日常生活の中で簡単な標識や文字などに関心をもつ。
⓫生活に関係の深い情報や施設などに興味や関心をもつ。
⓬保育所内外の行事において国旗に親しむ。

自然や動植物との関わり、気づきを書く

子どもが身近な自然や動植物と触れ合った体験から、何を感じ、何に気づいたかを書くことがポイントです。命の大切さや自然の神秘への気づき、さらなる好奇心の芽生えなど、子どもの感性の育ちを具体的に書きます。

【例】
カマキリやバッタなどの昆虫に興味を持ち、遠足で行った自然園で珍しい虫を見つけ、注意深く丹念に観察し、絵本や図鑑で調べて、絵で細かな部分まで表して楽しんでいた。

身近な物への関わり方を書く

物を乱暴に扱って壊したり、なくして困ったこともあるはずです。身近な物を大切にする気持ちは、そんな失敗と愛着の深まりにより育ちます。子どもが物や遊具の役割や特徴に気づき、その物を介して友だちや保育者と楽しく活動してきたことを書きましょう。

【例】
保育者が使うパソコンのワイヤレスのマウスに興味を持ち、線でつながっていないのに反応すると喜んでいた。他の電子機器にも興味を持ち、質問をよくする。

興味、関心事を楽しむ姿を書く

子ども自身が、自ら身近な環境にどのように親しみ、関わって、生活とあそびの幅を広げてきたかを書きます。

【例】
花が大好きで、散歩で見つけた野草を園に持って帰る。母親と一緒に押し花を作り、友だちや保育者にプレゼントしてくれる。「お花やさん」になると夢を話している。

標識理解や言葉の発達を書く

日常生活で、標識や文字を理解していることはとても重要です。身近な信号機や歩道の意味が理解できないと大変危険です。どのようにして子どもの事象機能が発達し、言葉を獲得したかを記載しましょう。マークや標識を理解することで、言葉もより豊かになります。その育ちのエピソードを書いてください。

【例】
園の非常口のピクトグラフに関心を持ち、保育者に何に使うのかを質問した。「非常口」という言葉が気に入り、友だちに教えてあげていた。防災訓練のとき、いちはやく消防署の人に聞くなど、知的興味が出てきている。

生活に関わる育ちを書く

当番活動や園行事、敬老会などの園外の行事に関わることで、子どもたちはさまざまな体験をしながら心身ともに成長していきます。身近な社会の事象に触れ、観察し関心を深めることで、人と人が支え合って生活していることに気づき、人のために役立ちたいという気持ちが芽生えてきます。保育者は子どもの気づきに共鳴し、適切に働きかけて育ちを助けます。その姿を小学校でも継続させるためにも、ぜひとも記載しましょう。

環境

周囲への関心

集団が苦手で少人数を好む
集団の中にいるのが苦手で、少人数で遊ぶことを好む。少人数でのあそびから、1人2人と誘って人数を増やしていき、友だちが大勢いることであそびが楽しいと感じられるようになってきた。

グループでのトラブルを嫌がる
大人数でのあそびはもめ事が起こりやすいので嫌がった。少人数でゆったりと遊ぶことが多い。ルールのはっきりしているゲームなどは、入ってきて楽しんでいる。

自分の気持ちを伝えるのが苦手
入園当初、新しい環境になじむのに時間がかかった。他児と関わるのは楽しいが、自分が嫌だと思っても強く言えず、モジモジしてしまうところがあった。保育者が仲立ちして気持ちを伝えることでスムーズに過ごせる。

緊張して自分の意見が言えない
自分はこうしたいという思いがあっても、自信が持てず自分から意見を発することができない。グループで話す場面を設定するなどして、自分の思いを伝えられるようになってきたが、大勢の中での発言は緊張するようである。

よく周囲を観察している
周囲に影響されず、一人でいることを楽しむように過ごすことが多い。集団の中ではよく周囲を観察し、自己主張しつつ周囲の意見も取り入れている。

保育者にあこがれがありよく観察している
保育者に対するあこがれがあり、そばでよく観察している。保育者との会話を楽しんだり、手伝いを積極的にしている。ごっこあそびでは保育者のまねが得意である。

> 児童の好奇心やコミュニケーションの様子が伝わります。

疑問は聞いて解決する
散歩途中の標識など、疑問に思ったことは人に聞いて解決している。また聞いたことはしっかり覚えていて、友だちに教えてあげたりしている。

好きな物への関心

好きな制作に根気よく取り組む
難しいことでも、好きなことには根気よく取り組み完成させる。制作や絵画に思いやイメージを入れて、作り上げることが得意。表現力が豊かで、いろいろな素材から発想豊かなものを作り上げる。

> 好きなものをとおして児童の人間関係や表現力が分かります。

絵本が大好き
絵本が大好きで、好きなものはくり返し読んでいる。保育者や友だちに好きな絵本の話を聞かせたり、絵本の絵をまねて上手に描くのが得意である。

水あそびが大好きで、泳ぐのが得意
水に触れるのが大好きで、プールでは泳いだり潜ったり、自由自在に遊ぶことができる。川あそびでは危険を避けながらも、十分に楽しむことができた。

自然・動植物への関心

泥だんごに興味津々
泥だんご作りに関心があり、堅く光る泥だんごを作ることを目指している。いくつも作っては納得いかないものは壊し、試行錯誤をくり返している。自分で納得のいく物ができると、得意気に保育者や友だちに見せていた。

> 好きなものに懸命に取り組み、達成感を味わったことが分かります。

得意なサッカーでリーダー役
サッカー教室に通っているため、サッカーは得意。園庭で友だちを集めては、ボールのけり方やルールをやさしく教えてあげている。

乗り物が好きで、知識を披露
乗り物が大好きで、毎日図鑑を眺めている。散歩の途中で外車や特殊車両を見つけては、保育者や友だちに知識を披露している。制作の時間には、段ボールを利用して立派な車を作った。

> 好きなバスをとおして、社会ルールや安全について学んでいることが分かります。

バスが好きで運転を観察
送迎のバスが大好きで、運転席の近くに座りたがる。運転する様子をじっと眺めてはまねをしている。バスの中で立ち上がる友だちを、座るように注意したりもする。

器用に工作を楽しむ
紙や段ボールを使って自由に制作を楽しんでいる。器用にハサミなどの道具もきちんと使い、分からない友だちに使い方を教えたりしている。

身近な動植物が大好き
身近で観察できる動植物に対する興味や関心が強い。細かなところまで観察してきては図鑑で調べたり、動植物の絵本を読んだりすることが好きである。

図鑑で確認し、昆虫の知識を深める
昆虫に興味があり、園庭や散歩先で虫探しに夢中であった。見たことは図鑑で確認し、さらに昆虫に対する知識を深めていった。

> 大好きな花をとおして、人間関係を築いているのが分かります。

大好きな花を人にあげるのが好き
花が大好きで、登園途中の草花をとってきては、友だちや保育者にあげるのを楽しんでいる。散歩途中で見つけた花の名前を調べたり、花の図鑑を好んで見ている。

植物の成長を喜ぶ
自分たちで園庭に植えた花や野菜に、水やりなどの世話を進んで行った。植物の背丈が伸びたなど、植物の成長に気づき、喜びを他児に伝えたりしていた。

小動物の世話が好き
クラスで飼っているザリガニやメダカの世話を好み、水槽の掃除やエサやりなど、当番以外のときでも積極的に行った。

> 動植物に対する関心の有無や、極端に嫌うという情報も記します。

虫が大嫌いで大騒ぎしてしまう

虫が大嫌いで大騒ぎしておびえる。「虫に限らず、花や木・動物・人間などはみんな生きている仲間だよ」と、絵本や歌をとおして伝えるようにした。騒ぐことでからかわれないよう、保育者がそばについて安心につなげていった。

四季の葉の変化を楽しむ

自然物に関心があり、草花の成長や変化をよく観察している。木々の葉っぱが青くなった、茶色くなったと、四季の変化を見つけては楽しんでいる。葉の色と四季の関係について得意げに説明してくれた。

> 野菜を育てることに責任感を持って取り組み、収穫する喜びを経験し、さらに野菜全般に興味が広がったことが分かります。

野菜栽培に関心を持つ

園で栽培した夏野菜を、当番以外のときも積極的に世話をして、よく観察していた。収穫した夏野菜で作ったカレーを喜んで食べ、それをきっかけに野菜への興味が深まり、よく図鑑を見ている。

自然物で遊ぶのが得意

砂場あそびや、自然物を使って遊ぶのが大好き。園庭の草花や枯木などを使ってままごとをしたり、髪飾りなどを作ったりして遊ぶのが得意である。

空を眺めるのが大好き

空模様を眺めるのが好きで、よく見上げては観察している。雲のいろいろな形、雲の流れの速さ、夕焼けの様子など、知識も豊富で友だちに説明してあげている。

文字・数字への関心

小さい子に絵本を読んであげる

絵本をよく見ていたが、文字に興味を持ち、少しずつ読めるようになってきた。やさしい絵本などを、小さい子に読んであげたりしている。

文字を練習して名前が書けるようになった

文字にまったく興味がなかったが、周りの友だちの影響で文字を書きたがるようになった。「お勉強教えて」と自分の名前を書く練習をして書けるようになった。

当番活動で人数を数える

数に興味があり、数えることが得意である。当番活動の中では、同じグループの子の人数を数えて、教材や給食を配ることができる。

数を数えるのが得意

数を数えるのが好きで、園庭の花の数や、散歩途中の車の数を得意げに数える。拾ってきた落ち葉を10枚ずつまとめて、全部で何枚になるかを保育者に尋ねたりしている。

> 身近な数字や文字以外にアルファベットに興味を持つなど、これから伸ばしていきたい児童の資質が分かります。

文字や数字をまねようとする

絵本の文字やポスターの数字などに興味を持ち、まねようと何度も紙に書いて練習している。アルファベットにも興味を持ち、保育者にこれは何かと聞いたりしていた。

保育要録よくあるギモン②

Q1 プライベートなことは、書いてはいけないの？

　小学校と地域の保育所が、いろいろな手段をとおして連携することが大事です。特別な支援を必要とする子どもの場合、より詳しく伝えるために「移行支援シート」に書くことができます。また、家庭のことは保育要録にあまり書けませんが、伝えておかないと困ることは「保育所と幼稚園と小学校の連絡協議会」で話し合ってもよいでしょう。連絡協議会は国の指示により市区町村単位で作られたもので、定期的に3者が話し合う機会を設けています。そのときに、口頭で伝え合うのも方法です。

Q2 保護者が保育要録の存在を知り、見たいと要望が…

　あらかじめ保育要録を作り、小学校へ送ることを保護者会で知らせたり、制作する旨の案内を送っておけば大体問題はないはずです。ですが、「うちの子の欠点ばかり書いていないか？」など、心配する保護者も出てきます。開示請求を受けたら、保育者個人の判断でも、その園としても単独で決定できません。例えば市として、どのようにして見せるかを決めてあるなら、市の担当者と園で協議し対応してください。大切なことは、保育者が日頃から保護者の思いを理解し、細やかに子どもをとらえる力を身につけることです。

Q3 保育所と小学校の連携で、何が得られるの？

　保育所や幼稚園等と小学校の連携により、子どもが「就学」という、生活の大変化に適応しやすくなります。他にも連携の効果として、
①子ども同士の交流活動／幼児が小学校に親しみ、近い将来を見通すことができるようになる。また言葉遣いや関わりを学び、思いやりを育み自分の成長に気づく。
②教職員の交流／相互理解を深めることで、円滑な接続ができる。また、長期的な視点からそれぞれの施設の役割を再認識できる。
③保育課程・教育課程の編成、指導方法の工夫／保育所や幼稚園での指導方法等を工夫し、小学校に入ってからの教育の段差を小さくできる。それにより、子どもは生活の変化へのとまどいが減る。
の3点があります。保育要録はこれらの連携に基づき制作されるわけです。連携の事例集としては、文部科学省と厚生労働省のものがネットで提供されています。

移行支援シートの例

保育の展開と子どもの育ち4・言葉

この領域では、子どもが喜びをもって「人の話を聞き」、他の人に自分の言葉で「自分の意思を話す」姿を伝えます。

保育所保育指針を読み直す

経験したことや考えたことなどを自分なりの言葉で表現し、相手の話す言葉を聞こうとする意欲や態度を育て、言葉に対する感覚や言葉で表現する力を養う。

[保育所保育指針「第2章保育の内容 3 3歳以上児の保育に関するねらい及び内容」より]

■教育に関わるねらい及び内容／言葉■

ねらい
❶自分の気持ちを言葉で表現する楽しさを味わう。
❷人の言葉や話などをよく聞き、自分の経験したことや考えたことを話し、伝え合う喜びを味わう。
❸日常生活に必要な言葉が分かるようになるとともに、絵本や物語などに親しみ、言葉に対する感覚を豊かにし、保育士等や友達と心を通わせる。

内容
❶保育士等や友達の言葉や話に興味や関心をもち、親しみをもって聞いたり、話したりする。
❷したり、見たり、聞いたり、感じたり、考えたりなどしたことを自分なりに言葉で表現する。
❸したいこと、してほしいことを言葉で表現したり、分からないことを尋ねたりする。
❹人の話を注意して聞き、相手に分かるように話す。
❺生活の中で必要な言葉が分かり、使う。
❻親しみをもって日常の挨拶をする。
❼生活の中で言葉の楽しさや美しさに気づく。
❽いろいろな体験を通じてイメージや言葉を豊かにする。
❾絵本や物語などに親しみ、興味をもって聞き、想像をする楽しさを味わう。
❿日常生活の中で、文字などで伝える楽しさを味わう。

人の話を聞き理解する姿を書く

保育者や友だちの話を聞き、興味や関心を持ち、ともに喜びを伝え合うことが大切です。落ち着きがないなど、人の話を聞く力は子どもにより違いがあります。子どもは言葉をかわすことで安心感と信頼感を得ます。保育者がどのように援助して子どもの気持ちを受け止め、親しみを持って人の話を聞けたかを書きましょう。

【例】
竹馬にうまく乗れずにいると、友だちがアドバイスをしてくれた。アドバイス通りに一生懸命にバランスを取って成功した。友だちの助けでできたことを大喜びし、それ以来友だちと竹馬で競争することを楽しんでいる。

自分の考えを言葉で伝える姿を書く

子どもが自分の経験や気持ちを、自分の言葉で自分なりに表現できるようになった姿を記載しましょう。子どもが話したい、聞いてもらいたいという気持ちをどのように援助したかも述べます。小学校教師が嫌がる「マイペースな子」を防ぐには、信頼関係を伴ったコミュニケーションが重要です。子どもが思いを伝えた楽しさや感動を書いてください。

【例】
保育者がラップの芯で作ったリリアンを、振り回して遊んで壊した。みんなで楽しんでいた編み物あそびができず、「壊してごめんなさい」とみんなに謝った。それ以来、みんなで使う物を使うときは、友だちや保育者に聞くようになった。一人あそびが好きだったが、以来グループあそびに積極的に加わるようになった。

人との会話を楽しむ姿を書く

人の話を聞く態度の習得は、就学の際に大切な能力です。保育者や友だちの話を、自分の気持ちや思いをがまんして聞くことが難しい子どももいます。人への親しみを持ち、その話に共感する姿を書いてください。会話を楽しめるようになった経緯や、エピソードを時系列に整理するとよいでしょう。

【例】
おもしろいことを言って友だちを笑わせることが好きだが、自分の思い通りにならないときや、悪ふざけを叱られたときなど、人の話を聞いていないことがある。信頼感を持って会話ができるように、騒いでいいときと悪いときを説明すると、友だちと落ち着いて会話をするようになった。

言葉の豊かさを書く

子どもは園生活や身近な社会から、いろいろな体験を積み重ねて、イキイキとしたイメージを心に蓄えていきます。そのイメージに身体感覚が伴うと、豊かな言葉への感覚や想像力がふくらみます。保育者が日頃の記録にとどめておいた、子どもの感受性と言葉の発達を伝えてください。

【例】
泥だんご作りが大好きで夢中になっている。「ウサギ小屋の魔法の砂」をつけるとピカピカに磨けるという。できただんごを「魔法のおだんご」といって友だちに見せてまわっていた。ウサギ小屋脇の砂を発見して、その喜びを言葉で巧みに表現していた。

第3章 保育要録文例集

保育の展開と子どもの育ち4・言葉

言葉

気持ちを伝える

自分の気持ちを言えるようになった
人の話をしっかり聞くことはできるが、自分の思いを言葉で伝えることが苦手だった。発表会で大役を果たしたことで自信がつき、集団の中でも積極的に自分の思いを言えるようになった。

ゆっくり構えることで吃音が減った
話すとき、吃音があり、途中で話すのをやめてしまっていた。言い方を直そうとする保護者に「子どもの伝えたい気持ちをまるごと受け止め、ゆっくり構えて聞きましょう」と対応することで、どもることは少なくなり、伝えることがうれしい姿へと変わっていった。

自分の体験を分かりやすく伝える
自分が体験した休日の様子、おもしろかったこと、気づいたことなど、相手が理解できるように分かりやすく、順序立てて上手に話すことができる。

自分なりに表現しようとする
話そうとすることが、場面によってはうまく言い表すことができず、話が分かりにくいところがあった。ゆっくりと話を聞き、ほめることで、自分なりに表現しようとする気持ちが強くなった。

どう伝えればいいかを考える
自分の思いを言葉にすることが苦手だった。友だちとのぶつかり合いをくり返す中で、どのように伝えるといいかを考え、自分なりに少しずつ伝えようとする姿勢になってきた。

状況説明ができ、表現力もすばらしい
相手が分かりやすいように順序立てて話すことができる。状況を言葉で伝えて、相手が理解できるように話す表現力は群を抜いている。集団の中で話しても、緊張せず状況がきちんと見えるように話すことができる。

困っていることは泣きながら伝える
普段の会話は問題ないが、やさしい性格からか、言いづらいことや困っていることを伝えるときに泣いてしまう。「泣かなくても分かるよ」とくり返し話すことで、短い時間で回復し、説明できるようになってきた。

あいさつがきちんとできる
「おはよう」「こんにちは」のあいさつがきちんとできる。また「ありがとう」や「ごめんなさい」も状況に応じて気持ちを込めて言うことができる。

> 好奇心旺盛で積極的な様子が伝わります。

おとなの会話に入るのが好き
おとなと会話をするのが好きで、園の来客に人なつっこく話しかける。保育者同士の会話にも加わり、どうにか理解して何かしら意見を言おうとする。

> 保育者の提案に児童が素直に応じて、改善できたことが分かります。

他の子の失敗などを逐一報告する
友だちが間違ったことをしていると、保育者に他の子の失敗などを報告に来る。「先生に言うよりも○○ちゃんに教えてあげて」と言うと、そばに行って間違いを伝えるようになった。

友だちの気持ちに寄り添い言葉をかけられる

うまく走れた友だちには「速かったよ」、転んだ友だちには「だいじょうぶ？」など、思いやりを持って友だちに声をかけることができる。みんなに好かれている。

言葉の発達が遅く、2語までしか言えない

言葉の教室に通っているが、言葉の発達が遅く2語までしか言えない。こちらの言うことは十分理解できるので、はっきりと聞き取りやすい声で伝え、自然体で向き合うようにしている。友だちに自分の思いを話せるようになってきている。

早口で落ち着いて話すのが苦手

早口で話すため言葉が聞き取りにくい。落ち着いて話せるように、視線を合わせてじっくりと聞く態度を示すことで、落ち着いて話せるようになった。

説明を聞かず、指示通りに行動してくれない

説明しても他のことが気になって耳に入らず、最後の結論だけが頭に残って飛び出していってしまうことがある。最後まで集中して話が聞けるように図や写真を見せたり、発言する機会を与えたりするなど工夫した。

> 問題を抱えたときの、保育者の対応の仕方が分かります。

注意されると立ち直りに時間がかかる

頑固さから友だちともめることが多い。保育者が注意すると機嫌を損ねて立ち直りに時間がかかることがある。きつく言うより気持ちに寄り添うことで落ち着けるようになった。

きちんと話を聞いて行動できる

保育者の話や指示をきちんと聞いて行動することができる。指示通りに動けない友だちをフォローしてあげるなど、広い視野で行動することができる。

話を聞く

集団の中で落ち着いて話を聞けない

集団でいるときに、落ち着いて話を聞くのが苦手である。がまんできずに途中で言葉を発したり、その場にじっとしていられずフラフラと歩きまわることがある。

> 指示を伝えることに関しては、確認が必要なことが分かります。

興味のないことに集中できない

興味・関心のあることはしっかりと聞く姿勢を保てるが、説明や集団指示の場などで、集中して持続的に話を聞くことが苦手である。指示を理解しているか確認する必要がある。

> 言葉に対する興味、その子らしさが表されています。

紙芝居や読み聞かせが大好き

保育者の話を、うなずきながらしっかりと聞いている。紙芝居や読み聞かせを聞くのが大好きで、語りを覚えて口にするなど、自分なりに楽しんでいる。

人の話を楽しそうに聞く

自分から積極的に話すことはしないが、人の話を聞くのが好きである。友だちが数人で話しているところに誘われて、うんうんとうなずきながら楽しそうにしていることが多い。

第3章 保育要録文例集

保育の展開と子どもの育ち4・言葉

会話をする

少しずつ発言できるようになった
意見や発言を求められても、なかなか言葉を発しなかった。モジモジして涙ぐむこともあったが、体験を重ねる中で、小声ながらも発言するようになった。

ごっこあそびから現実の世界に引き戻す
非現実的な世界に入り込むと、今やることができなくなる。あそびの最中では声をかけても心に届かないので、あそびの終わりまで待ち、片づける中で現実へと戻していく。最初は時間がかかったが、切り替えが早くなってきた。

泣いてしまい気持ちを伝えられない
友だちとトラブルになると、泣いて気持ちを伝えられない。言葉でうまく筋道を立てて話すことが難しく、感情のコントロールもうまくいかない。泣くことで、周囲の友だちや保育者に気持ちを整理してもらうことが多い。

泣いてトラブルを回避しようとする
トラブルになるとまずは自分が泣いて被害者になり、原因やいきさつを考えない。泣くと心配してくれていた周りもだんだんと構わなくなってきた。すぐ対応せず見守ることで、自分を振り返るようになり、気持ちを伝えられるようになった。

足りない理解力にフォローが必要
言語の理解力に弱さがあり、特に抽象的な表現や将来のことは理解できない。多くを一度に伝えず、一つ一つ伝わったかどうかの確認を行った。

周囲を気にして落ち着きがない
周囲を気にしすぎる傾向があり、会話をしていても視線が定まらず落ち着きがない。保育者が向き合ってじっくりと話を聞くことで、少しずつ気持ちも落ち着いてきた。

> 児童の性質的な傾向と、配慮が必要な場面が分かります。

人の話を遮って自分の話ばかりする
語彙が豊富で話もうまい。みんなで話をしているときに、他の子の話を遮って自分の話ばかりすることが多い。保育者が「○○ちゃんのお話も聞こうね」とうながすうちに、人の話に耳を傾けられるようになってきた。

仲よしの子以外とあまり話をしない
恥ずかしがりやで、仲よしの子としか話をしない。その子が他の子と話をしていると、加わりもせず眺めて過ごすことが多かった。保育者が声をかけて参加をうながすうちに、少しずつ交われるようになってきた。

質問するのが大好き
何にでも興味・関心を持ち、分からないことや疑問に思ったことをよく質問してくる。答える保育者にまた質問を投げかけるなど、やり取りを楽しんでいる様子がうかがえる。

友だちとのもめ事にも落ち着いて対処する

> 問題解決能力にすぐれていることが伝わります。

園庭のドッジボールの場所取りで、他のグループともめることがあった。どちらも譲らない中で「時間で場所を交代すればいい」と解決案を出したところ、譲れるようになった。

言葉を発しないが表情で読み取る

軽度の自閉症で、発する言葉はオウム返しのみで意思のある言葉を発することができない。表情は豊かだが、集団行動は難しい。あせることなく、表情から気持ちをくみ取り寄り添うよう努めた。

言葉が達者で会話を楽しむ

語彙が豊富で言葉が達者である。物覚えがよくモノマネが上手で、いつも明るい雰囲気を作っている。ごっこあそびが好きで、お母さんや店員さんなどの会話を的確に表現して楽しんでいる。

言葉への関心

おとなの話し方や態度をまねる

場面場面でおとなのような言葉を使い、何でも分かっているような態度や話し方をするが、困っていることを相手に伝える場面では無言になってしまう。保育者が問いかけをくり返すことで、自分の気持ちを言えるようになってきた。

言葉に感情が伴うようになった

言葉だけが進み、意味や体験がついていかず、感情表現も乏しかった。園生活の中で、楽しい、おいしい、悲しい、おもしろかった、くやしいなどが言葉だけではなく、体験をとおして本当の気持ちへと変わっていった。

言葉のイメージをふくらませる

絵本や紙芝居を好んでいたが、絵のないストーリーのみの童話にも集中して耳を傾け、言葉のイメージをふくらませて楽しむことができるようになった。

図鑑や絵本を見るのが大好き

> 児童の興味関心の方向、好奇心旺盛で努力家な面が表されています。

文字が好きで、絵や写真と照らし合わせながら見るのを楽しんでいる。読み方や発音の難しい言葉を保育者に聞いては一生懸命覚えようとする。

言葉の流行を生み出す

言葉のリズム感を楽しむのが得意である。テレビの流行語から、紙芝居の中のはやし言葉など、少しアレンジを加えてはやらせ、みんなの人気を得ている。

言葉遣いが悪いことがある

年上のきょうだいからの影響で、「バカ」などの言葉を使うことがある。悪い言葉だと自覚して使っている様子はなかったが、一度注意したら、言葉を発した後で謝るようになった。

歌が大好きで、歌詞をよく覚える

> 言葉に関して、今後伸ばしていきたい児童の優れた点が分かります。

歌が好きで、童謡から歌謡曲まで、いろいろな歌詞を覚えてよく歌っている。歌詞から想像する歌のイメージを自分なりに言葉にして、友だちや保育者にうれしそうに説明する。

覚えた文字や数字で手紙を書く

文字や数字に関心を示し、いろいろな言葉を覚えようとする。覚えたての文字で手紙を一生懸命書いて、友だちや保育者に渡すのが好きである。

保育の展開と子どもの育ち5・表現

言葉や造形、音楽をとおして、美しいものや驚きに出会い心を動かした子どもの姿を記載します。豊かな心情が、子どもの成長の基盤となっているのです。

> **保育所保育指針を読み直す**
>
> 感じたことや考えたことを自分なりに表現することを通して、豊かな感性や表現する力を養い、創造性を豊かにする。　［保育所保育指針「第2章保育の内容 3 3歳以上児の保育に関するねらい及び内容」より］

■教育に関わるねらい及び内容／表現■

ねらい
❶いろいろなものの美しさなどに対する豊かな感性をもつ。
❷感じたことや考えたことを自分なりに表現して楽しむ。
❸生活の中でイメージを豊かにし、様々な表現を楽しむ。

内容
❶生活の中で様々な音、形、色、手触り、動きなどに気付いたり、感じたりするなどして楽しむ。
❷生活の中で美しいものや心を動かす出来事に触れ、イメージを豊かにする。
❸様々な出来事の中で、感動したことを伝え合う楽しさを味わう。
❹感じたこと、考えたことなどを音や動きなどで表現したり、自由にかいたり、つくったりなどする。
❺いろいろな素材に親しみ、工夫して遊ぶ。
❻音楽に親しみ、歌を歌ったり、簡単なリズム楽器を使ったりなどする楽しさを味わう。
❼かいたり、つくったりすることを楽しみ、遊びに使ったり、飾ったりなどする。
❽自分のイメージを動きや言葉などで表現したり、演じて遊んだりするなどの楽しさを味わう。

子どもの表現への態度を書く

子どもは毎日環境との関わりの中で、いろいろな気持ちや気づきを抱きながら生活しています。それを自分なりに表現することの喜びや、表現を楽しむ態度を書き留めましょう。

【例】
雨が降り出すときのホコリっぽい匂いと、雨上がりの園庭の土の匂いの違いや虹の発見など、自然のおもしろさを感じて表現する感覚が育っている。水槽の亀が甲羅干ししているのを発見し、「のど渇かないのかな」と友だちと話していた。自然への観察力に鋭さがある。

いろいろな工夫を楽しむ姿を書く

例えば、ただ「絵を描くのが好き」だけでは、子どもの成長は伝わりません。クレヨンでのなぐり描きの線が、徐々に巧みな描線になるように、子どもの身体感覚は飛躍的な成長を見せます。子どものさまざまな表現に共感し、一緒に考え、成長していった姿は、小学校の場でも生かされるはずです。

【例】
水あそびで使う牛乳パックの船を作る。実際に浮かべてみるとうまく進まず、セロハンテープを張り替えるなどいろいろと試す。「ペットボトルなら浮くかも」とみんなで決めて作り直した。工作道具を広げて夢中で工作を楽しんでいる姿があった。

感じたことを伝える姿を書く

子どもは風の音や花の色や香り、いろいろな物質の手触り、食事の味など身の回りのさまざまな事象の違いや変化に気づき、心地よさを感じています。その感動と驚きを、保育者や友だちと楽しみ表現していきます。豊かな感性の育ちを具体的に伝えられたらベストです。

【例】
地域の神社の盆踊り大会に出場し、太鼓演奏を披露した。初めての舞台で緊張していたが、上手に太鼓が叩けた。「風が唸るようにビリビリ鳴った」と、おとなの太鼓に驚く。大勢の前で叩いたことで自信を持ち、新たな楽器へ興味を持ち始めている。

表現をとおしての育ちを書く

感動や驚きといった心を揺さぶるポジティブな体験は、それを伝えたいという気持ちが子どもに生まれます。絵でも歌でも何でも、豊かなイメージを引き出してあげることで、子どもは充実感と達成感を味わいます。その感覚を大切に就学した後も、喜びを得られる手助けとなるように具体的に記しましょう。

【例】
音の出るピアノの絵本を見て、自分で弾くことに夢中になる。保育者と一緒に弾くうちに、徐々に曲らしくなり大喜びする。「ドレミに色がある」と友だちに話していた。きれいな曲を教室に流すなど、表現しようとする意欲を伸ばせる援助を心がけている。

第3章 保育要録文例集

保育の展開と子どもの育ち5・表現

表現

感じる力

さまざまな楽器に興味を持ち、音階を楽しむ
簡単な曲の音階を理解することができる。木琴、ハンドベル、ピアニカなどそれぞれの音の違いを感じ、音階を楽しむことができる。

絵本から広がる世界
絵本が好きでくり返し眺めるうちに、ひらがなを覚えるようになった。図鑑の中の文字や数字に関心を持ち、動物の名前を教えてもらい本物にあこがれている。

アイドルにあこがれる
かわいらしい服装や小物が大好きで、アイドルに強いあこがれがある。歌や踊りを覚えては友だちの前で披露し、ほめられることに喜びを感じている。

物知りでいろいろなことを質問する
兄と姉がいる影響か、同い年の子より物知りでいろいろな知識がある。興味や関心の幅も広く、分からないことはよく質問し、友だちに分かりやすく説明できる。

自由な発想であそびを考え出す
体を動かすことが好きで、園庭での運動やあそびで生き生きと活動している。自分で新しいあそびや運動を自由に考え出しては、友だちを誘って楽しんでいる。

音楽や踊りが大好き
音楽が好きで、リズムに合わせて体を動かすことが得意である。歌を口ずさんでは気持ちよく踊っている。踊りも数回で覚えてしまい、友だちに教えてあげている。

> 演奏ができたことでさらに関心が深まり、音を感じる余裕ができたことが伝わります。

シンバルを一生懸命練習
園の行事でシンバルに意欲的に取り組んだ。練習中に上手にできたことをほめられて、くり返し練習し、さらに上手になった。いろいろなリズムで叩いて、その音の変化を比較して楽しんでいた。

> 「汚れてはダメ」から、保育者の支援で、「汚れてもよい」ことになり、楽しめたことが分かります。

汚れることが嫌
手足や洋服が汚れることが嫌で、なかなかあそびに入ってこなかった。汚れてもいいスモックに着替えることで、気持ちを切り替えられるようにし、「汚れてもすぐに着替えられるよ」という環境を整えることで、自らあそびに入る姿へと変わった。

絵本が好きで空想を楽しむ
絵本が好きで、そこから空想して話をふくらませ楽しんでいる。日常生活に絵本のキャラクターを登場させて、自分で空想した話をうれしそうにしてくれる。

自然に触れるのが好き
砂場でのあそびや泥あそびが大好きで、汚れを気にしない。友だち数人と砂場で大きなトンネルを作り、周囲を木の枝や葉で立体物を作り「町だよ！」と自慢していた。

虫が大好きな昆虫博士

昆虫が大好きで、園庭や散歩の途中で見つけて名前が分からなかった虫を、図鑑で調べるのが得意である。時には見逃してしまいそうな小さな虫を見つけて、虫メガネで観察していることもある。

自分を表現する

自由に伸び伸びと描く

> 児童の好きなものを絵にしようとする様子が記述されています。

絵を描くことが好きである。両親や友だち、身近な動物や植物など、自分のイメージをふくらませて、自由に伸び伸びと描くことを楽しんでいた。

感性が豊かで器用

自分なりのイメージを表現しようと、豊かな感性で造形活動ができる。指先が器用で、特に粘土あそびではユニークな形を表現してクラスで注目された。

作品の評価ばかりを気にする

作品の評価ばかりを気にして、自分の気持ちを表現できない。園の行事の絵を描くと、隣の友だちと同じような絵になってしまう。周りを気にしなくていいように一人ずつのテーブルを用意し、用具、素材、紙の大きさを自由にさせた。最近は自由に表現できるという気楽さからか、楽しそうに取り組んでいる。

描くことは好きだが、創造性に欠ける

絵が好きでよく描いているが、自分の感性のまま描けないでいる。友だちの絵を気にしていることが多く、自由に創造性を発揮できるように、好きなテーマを聞くなどの援助をしている。

素材を工夫して根気よく作り上げる

想像力が豊かで、さまざまな素材を用いて制作する。折り紙や新聞紙、絵の具などを巧みに使い、自分が納得するまで根気よく作り上げることができた。

豊かな感性で絵の具あそびを楽しむ

感性豊かに絵画あそびをする。絵の具でマーブリングをすると、「夕焼け」「春のお花」「プール」など作品に名前をつけて、自分のイメージを楽しむことができる。

> 自分ができるようになったことを、友だちと共有して楽しもうとする様子が分かります。

手紙ごっこを楽しむ

絵や文字を書くことが好きで、友だちや保育者に手紙をあげて喜んでいる。似顔絵を描いたり、色えんぴつやクレヨンを使って心のこもったものを作る。

工夫して納得できる造形をする

何か作るときに、自分の作りたいものが定まるまで時間がかかる。周りを気にせず、人のまねをすることなく、イメージするものを自分なりに工夫して表現している。

友だちと表現する

劇あそびで役になりきる

イメージが豊かで、劇あそびはすっかり役になりきった。友だちを誘って一緒にセリフのやり取りをするなど、表現することを楽しんだ。

友だちと一緒に歌って楽しむ

劇あそびでは、友だちとリズムに合わせて体を動かし、伸び伸びと表現していた。よくとおる声でセリフを言ったりリズミカルにダンスを踊るなど、意欲的に楽しむことができた。

特に配慮すべき事項

生命保持に関わり保育者が特に留意してきたこと、そして小学校入学後も継続して留意が必要と考えられる点を記載します。

ポイント1　健康面などで配慮が必要なことを書く

保育要録の脚注に「健康の状況など、就学後の指導において配慮が必要なこととして、特記すべき事項がある場合に記入すること」とあります。小学校での生活や学習に関わりがある留意点は記載が必要です。子どものアレルギーや慢性疾患、障害など、小学校に必ず伝えなければならない健康状態を書くということです。また、「病名」や「症状名」、大きなケガをしたならその「日付・箇所」などを記入します。

ポイント2　気がかりな点を書く

例えば「アトピーとはいえないが、冬場は肌荒れを起こしムズがる」など、子どもの気になる点も書いておくと小学校の担任の予備知識となります。「下痢をしやすい」「発熱しやすい」など、日誌からチェックしてください。また、症状がひどいときの原因や園の対応も記しておくと、担任がいざというときに役立ちます。

ポイント3　欠席がちな子どもは期間や理由を

長期にわたり欠席している場合は、その期間や理由を記述します。

ポイント4　アレルギーの情報を書く

食物アレルギーに関しては、アナフィラキシーショックを起こすと大変危険な状態となることもあります。アレルギーなどについては、「生活管理指導表」などで詳細を小学校へ伝えるようになっていますが、注意をうながすためにこの欄にも記載しておきましょう。

ポイント5　ケガなどで治療が継続している場合

ケガの後遺症など、治療中の事項についてはその経過なども書きましょう。メガネや補聴器の使用、その経緯なども記します。

ポイント6　障害について推測で書かない

障害については、診断されている場合のみ診断名を記載し、推測での記述は絶対に避けてください。

小学校教師が知りたいことは？

- 「急に暴れることがある」
  ➡ どんなときに起こり、その対応などの詳しい情報。
- 「気持ちの高ぶりや落ち込みが激しい」
  ➡ 情緒が不安定なら、その対応や処置。
- 「軽度の発達障害がある」
  ➡ どんな遅れなのか、対応や援助についての情報。
- 「極端な偏食がある」
  ➡ 「何に対する偏食なのか」などの詳しい内容。
- 「気になる子ども」
  ➡ 具体的な事例や、対応が考えやすい情報。

特に配慮すべき事項 文例集

子どもの健康状態等について、特に留意する必要があれば記載します。過去の病気やケガの状況以外にも、健康を維持するために必要な配慮があれば記載します。

アトピー、食物アレルギー
アトピー、卵と甲殻類にアレルギーがあるが、負荷試験を行い、少しずつ軽減されてきている。

便秘気味で、腹痛を訴える
便秘気味で排泄時間が定まらず、時おり腹痛を訴える。繊維質や水分摂取に注意した。

> 症状が出るときの具体例も伝えましょう。

> 必要な場合は入院回数なども記しましょう。

気管支が弱い
気管支が弱く、室内外の温度差や、急に走ったりすると激しく咳き込むことがある。

体が弱く風邪をひきやすい
風邪から肺炎を起こし園生活のうち5回入院している。年長になり、休む日は減っている。

てんかんの持病あり
てんかんの持病があり発作を起こす可能性がある。朝晩に薬を服用している。

> 通院の頻度なども入れるとよりいいでしょう。

乱視でメガネを着用している
4歳で乱視と診断され、メガネをかけて矯正をしている。ひと月に1度の割合で眼科に通い、視力検査を行っている。

> 給食などで食べるのに時間がかかることが想定されます。

虫歯で、堅い食べ物が苦手
虫歯が原因で歯の痛みを訴えることが多く、堅い食べ物は、食べるのに時間がかかる。

アトピー性皮膚炎
アトピー性皮膚炎で通院中。病院の薬を午睡前やプールの後に塗っている。

保育所のバスで車酔い
送迎バスに乗ると必ず酔う。手前の窓側の席に座らせ、保育者が注意するようにした。

吃音があり、たまに言葉がつかえる
入園当初から吃音があったが、徐々に解消されつつある。本人は気にしておらず、見守る対応をしている。

言葉が遅い
かつぜつが悪く、会話が不明瞭で聞き取りにくいことがある。急がずにゆっくり話すように伝えている。

大好きな人形が手放せない
乳児の頃から抱いている人形が手放せない。本人の精神衛生のために必要と判断し、持たせているが、年長になり、抱いていない時間が増えつつある。

> 問題行動に対して、園がどう対処してきたのかを伝える必要があります。

爪を嚙むクセが抜けない
園ではほぼ常に爪をかんでいる。強制的にやめさせることはせず、スキンシップを図るなど、子どもとの触れ合いを大切にした。

> 問題行動に園がどう対処したのかを記します。

手洗いを頻繁にする
手洗いを頻繁にする。保育者が「ばいきんバイバイしたよ」と伝え、見守るようにした。

チック症状が出る
年長からチック症状の咳払いをくり返す。おりに触れ、ほめるようにして不安を軽減した。

> 児童がパニックに陥るなど緊急時の対応方法について記しましょう。

大きな音が苦手
大きな音に敏感でパニック状態になる。大きな音がしたら、抱いて安心感を与えるようにした。

> 保護者と話し合いがあれば、それについても書いておくとよいでしょう。

指しゃぶりをやめない
指しゃぶりで指にタコができている。保護者に歯並びを医者にみてもらうよう話し、見守るようにしている。

> 病名などがはっきりしている場合は病名も書いておきましょう。

気持ち悪いといってよく吐く
緊張すると吐くことがある。医療機関にかかったところ周期性の白家中毒とのことだった。なるべくリラックスできるように心がけた。

第3章 保育要録文例集 特に配慮すべき事項 文例集

> 児童だけでなく、家族に対して必要な配慮があれば伝えましょう。

外国人の母親が不安感
外国人の母親が言葉がよく分からず悩んでいる。不安がないよう連絡はこまめにしてきた。

保護者が子どもの園生活に関心を示さない
保護者の園への関心が薄く、行事に参加することもほとんどない。連絡帳で連絡をこまめに行った。

父子家庭、祖母が母親代わり
父子家庭で、祖母が面倒をみている。母親がいない寂しさに寄り添いながら祖母への感謝の気持ちを育むようにした。

障害のある子ども
体調を崩さないように健康管理に気をつけ、連絡帳で保護者との連絡を密に取っている。

> 症状を引き起こさない、緩和させるための具体例を記しましょう。

子どもの家庭環境が十分ではない
両親の収入が不安定で、子どもの食事が用意されないことがあり、園で補食を出すなどして補ってきた。

皮膚が弱く肌が荒れる
皮膚が弱いため砂場でのあそびの後は水で流す、衣服を替える、保湿をすることを心がけた。

> 専門医の診断があれば「専門医によると…」として記しましょう。

ケガで欠席
10月に園庭で遊んでいる最中に転倒して腕を骨折し、長期間欠席した。

障害児ではないが、言葉が遅い
言葉が遅く、語彙が少ない。専門医によると障害ではないとのことだった。

> 児童の体調管理に必要な配慮があれば記しましょう。

> 家庭の事情で、学校生活に関係してくることは記しておくとよいでしょう。

体が弱い
体が弱く体調を崩しやすい。運動後の汗はふき取るなどの配慮が必要である。

母親が病弱
母親が病弱で送迎ができないことで園を休むことがあった。父親と連絡を密に取るようにした。

> アレルギーを引き起こすアレルゲンを具体的に記しましょう。

食物アレルギー、アナフィラキシーショックの経験あり
小麦・卵・牛乳のアレルギーでアナフィラキシーショックの経験がある。

よく下痢をする
下痢をしやすく、頻繁にトイレに行く。

過去の大ケガ
4歳のときに交通事故で入院。2週間ほど欠席したが、後遺症もなく良好。

高所が極端に苦手
高所を極端に怖がる傾向がある。

うそをつくクセがある
「お砂場に犬がいた」など小さなうそをついて楽しむ。話をよく聞くように心がけている。

補聴器を使用
左耳に先天的難聴があり、2歳より補聴器を使用している。

障害への対応
2歳のとき発達障害と診断され、一日のスケジュールをイラストで表すなどの対処をした。

日光過敏症
日光過敏症のため、一年中長袖を着用している。

気持ちが伝えられず暴れる
気持ちをうまく伝えられず、ける、叩くなどすることがある。乱暴はいけないことを伝え、話を聞くように心がけた。

肥満
肥満のため、保護者におやつを減らすなどの提案をし、少しずつ改善されている。

ぜんそくで薬を使用
ぜんそくのため、吸入ステロイドを毎日使用している。

花粉症
4歳頃から春先によく鼻水を垂らすようになり、花粉症と診断された。

第3章 保育要録文例集 特に配慮すべき事項 文例集

知っ得コラム
保育所と認定こども園の関係

幼稚園と保育所の長所を取り入れ、就学前の子どもに幼児教育と保育を提供するのが「認定こども園」です。地域における子育て支援を行い、保護者が働いている、いないに関わらず0歳〜就学前の子どもを受け入れます。

認定こども園のタイプは4つ

1. 幼保連携型

認可幼稚園と認可保育所が連携して、一体となった形。「幼保連携型認定こども園園児指導要録」を作成する。

幼稚園 ＋ 保育所
▼
幼保連携型認定こども園
園児指導要録

2. 幼稚園型

認可幼稚園が、保育が必要な子どもも受け入れる保育所の機能も備えた形。「認定こども園こども要録※」または「幼稚園幼児指導要録」のどちらかを作成する。

幼稚園 ＋ 保育所機能
▼
認定こども園こども要録
または
幼稚園幼児指導要録

園児指導要録（こども要録）の作成の注意点

①満3歳以上の子どもについて作成。
②作成は必ず園内で行うこと。プライバシーの保守に十分に留意する。また、記載事項を他言しないこと。
③パソコンで作成する際は、データ流出に注意しデータを持ち出さないこと。
④記録原本の保存は耐火金庫等、安全性の高い場所に保管する。
⑤子どもが就学する小学校へ送付する。

● 現在の認定こども園は、その地方自治体の実情に応じて4つに分類されます。

3. 保育所型

認可保育所が、保育が必要な子ども以外も受け入れる幼稚園の機能も備えた形。「認定こども園こども要録※」または「保育所児童保育要録」のどちらかを作成する。

保育所 ＋ 幼稚園機能
▼
認定こども園こども要録
または
保育所児童保育要録

4. 地方裁量型

幼稚園、保育所いずれの認可もない、地域の教育・保育施設が、こども園として「認定こども園こども要録※」を作成する。

認可外保育施設 ＋ 幼稚園機能保育所機能
▼
認定こども園こども要録

※「認定こども園こども要録」については、「幼保連携型認定こども園園児指導要録」を読み替える等して、その施設に沿った内容の「こども要録」をそれぞれに作成します。

最終年度に至るまでの育ちに関する事項

「最終年度に至るまでの育ち」とは、子どもが6年間育ってきた過程を踏まえ、現在の5歳の姿だけでなく全体像を総合的に記すところです。この欄だけでも子どもの姿が伝わるように、できるだけ簡潔に分かりやすく記述するのが理想です。

 ## 側面も踏まえて客観的に書く

他の職員と協同で議論し、多面的な見方を踏まえて客観的に書きます。自分一人で判断した主観的で根拠の薄い記述や、ネガティブな表現は避けましょう。

 ## 入園時の年齢から書く

入園（転園）時の年齢（月歳）と、場合によっては入園時の様子を書いてもよいでしょう。また、併せて家族構成や家庭環境、兄弟姉妹のこと、保育時間の情報を必要な場合は記述しますが、個人のプライバシー保護には十分な注意が必要です。

 ## 発達に遅れなどがある子どものとき

発達に何らかの偏りや遅れが見られる子どもの場合は、生育歴の他に「専門医の診断の有無」や「専門機関での療養の有無」「家庭との連携状況」といった事項を基本的な情報として記述する必要があります。しかし、症状や治療の経過だけでなく、園での支えや配慮などの要点を絞って簡潔に示したほうが、小学校の担任には役立ちます。

【9か月頃から入園。3人きょうだいの末っ子で上の姉2人とも仲はよい。4歳児頃まで友だちと遊ぶことは苦手で、知的あそびを好み一人あそびを楽しんでいた。】

［修正例］
● 「苦手」という表現はネガティブになるので「友だちとの関わり方が分からない」に変えたほうがよい。
● 「知的あそび」では分からない。「読み聞かせやカードあそびが好きで、夢中になっている」というように具体的に記述する。

 ## 子どもの成長の過程を書く

子どもの成長を、その転機となったエピソードや保育者の援助記録を絡めて記します。時系列に記述できればよいのですが、スペースの都合で無理ならば、子どもの変容を肯定的にとらえることが第一です。

 ## 「問題」だけではマイナスになる

「集団活動ができない」など、問題行動や気になる面がある子どもは、マイナスイメージばかりが担当教員に残ることのないように注意しましょう。他の職員の見方等を聞き、保育者としてどのように関わり、援助したかを具体的に記述しましょう。

最終年度に至るまでの育ちに関する事項 文例集

子どもが入園してから現在まで、そして小学校へと成長がつながるように全体像をまとめます。欠点よりも長所や得意なことを取り上げましょう。

ひとり親家庭、動植物が好き
生後3か月より入園。入園時より母親と祖父母の4人暮らしである。小動物や花などの植物が好きで、好奇心旺盛。乳児期は風邪をひくことも多かったが、3歳、4歳、5歳と少しずつ丈夫になってきた。

運動好きなムードメーカー
2歳児より入園。両親と兄の4人家族。サッカーやドッジボールなどのあそびが大好きで、走るのが速く体を巧みに動かす。明るく活発な性格で、クラスの中ではムードメーカー的な存在である。

3人きょうだいの末っ子、絵本好き
生後10か月より入園。両親と3人きょうだいの5人家族の末娘である。家族にとてもかわいがられ、自分の思う通りにしようとする面がある。絵本を読むのが好きで、想像力が豊かである。

食欲旺盛で、負けず嫌い
10か月より入園。食欲が旺盛で体格も大きい。園庭で夏野菜を育てたときは水やりなどに積極的に参加し、収穫時にはとても喜んでいた。やさしい性格で、特に年下の子の世話を積極的に行う。

祖父母と3人暮らし、ぜんそくあり
2歳6か月より入園。祖父母との3人暮らし。1歳で両親が離婚してから、母方の祖父母に育てられる。ぜんそくがあり、2回ほど入院している。やさしい性格で周囲を気づかうことができ、友だちが多い。

生活リズムが乱れがち。手先が器用
1歳3か月より入園。両親と兄の4人家族。両親は共働きで保育利用時間が長く、生活リズムが乱れがちである。朝早くはボーッとして、保育者に行動をうながされることがある。手先が器用で、工作が得意である。

双生児の弟、食物アレルギーあり
3歳児より入園の双子の弟。食物アレルギーがあり、両親と栄養士が話し合い、献立を決めている。本人も自覚して気をつけている。明るく活発な性格で、何でも積極的に取り組む姿が見られる。

保育時間が長い。偏食が改善
2歳児より入園。両親と兄の4人家族。保護者の都合で保育時間が長い。入園当初は偏食の傾向があり食べ残しも多かった。年長に入って友だちと体を動かして遊ぶようになってから、よく食べるようになった。

母子分離に時間がかかったが、お泊まり保育で成長

弟が生まれて3歳児より入園。両親と弟の4人家族。母親と2人で過ごす生活が長かったせいか、園の生活になかなかなじめなかったが、お泊まり保育を経験してたくましさが出てきた。自信を持って取り組んでいる。

乱暴さが改善、お兄ちゃんらしく

2歳児より入園。弟が生まれた3〜4歳のときは、友だちを叩く、保育者に悪ふざけをすることが多かったが、今ではなくなった。基本的な生活習慣がきちんとしていて、年下の子の面倒をよくみている。

人なつっこく感情豊か

1歳児より入園。両親と兄の4人家族。人なつっこく明るく活発な性格で、園の職員にも気軽に話しかける。感情が豊かで喜怒哀楽がはっきりとし、気に入らないことがあると保育者に泣いて訴えることがある。

信頼できるリーダーだが、威圧的な面も

6か月で入園。弟と妹と両親の5人家族。体格も声も大きく、男女を含めリーダー的存在となっている。時々、自分の意見をとおそうと威圧的な態度に出ることがあるが、正義感が強く思いやりがあり、友だちも多い。

幼稚園からの転園、物おじしない

4歳のときに幼稚園から転園。両親と3人暮らし。自分の意見をはっきりと言うことはなく、いつも穏やかにしている。物おじしない性格で、誰にでも話しかけ仲よくしている。好奇心旺盛で物知りである。

きょうだいが多い、整理整頓上手

6か月より入園。兄3人妹1人と両親の7人家族。状況を冷静に判断し、見通しを持って行動できる。仲のよい数人の友だちの中心となって遊んでいる。整理整頓がうまく、片づけが苦手な友だちの手助けをしてくれる。

母親の仕事の都合で休みがち。泣き虫な面も

1歳3か月より入園。姉と両親の4人家族。母親の仕事の休みが不規則で、合わせて休むことが多い。お姫様の出てくる絵本が大好きで、空想を保育者に楽しそうに話してくれる。すぐに泣いていたが、年長になり言葉で表せるようになった。

落ち着いている。進んで当番活動

2歳児より入園。両親と祖父母の5人暮らし。共働きの両親の代わりに祖父母が迎えに来る。生活リズムが整っていて、日常生活の基本的習慣もほとんどできる。落ち着いた園生活を過ごし、当番活動も進んで行う。

心配性で甘えん坊、絵が上手

10か月で入園。兄と両親の4人家族。少しの変化に気持ちが不安定になり心配するが、保育者に甘えてスキンシップを求めることで落ち着く。絵を描くのが上手で、周囲にほめられることで自信がついた。

両親が離婚し、名字が変わる

6か月で入園。3歳のときに両親が離婚して名字が変わる。母親との2人暮らし。保育利用時間は長いが、母親が生活リズムをきちんと管理している。仲のよい友だち4、5人でごっこあそびを好んでしている。

第3章 保育要録文例集

最終年度に至るまでの育ちに関する事項 文例集

運動が得意で世話好き
1歳6か月で入園。姉と妹、両親の5人家族。かけっこなどの運動が大好きで、バランス感覚も優れている。バレエ教室に通っている話を、うれしそうに保育者に報告してくれる。年下の子の面倒をよくみて世話好きである。

メガネを着用、手伝いをよくする
2歳児で入園。兄と両親の4人家族。弱視のためメガネを着用している。動植物が大好きで、園庭の水やりや飼育しているモルモットの面倒をよくみている。やさしい性格だが、自分の意見はしっかりと言える。

負けず嫌い、偏食の傾向あり
10か月で入園。共働きの両親と3人暮らし。偏食の傾向があり食事量も少なかったが、食事量を減らして完食する満足感を与えたところ、少しずつ偏食が治ってきた。知識欲が旺盛で、負けず嫌いの面がある。

好奇心旺盛で自立している
1歳5か月で入園。妹と両親の4人家族。好奇心旺盛で何にでも興味を持ち、自由に追求する。時にはそれが危険なことにも及ぶが、注意すると素直に従う。生活習慣は自立し、きちんとしている。

物覚えが早く、おしゃべり上手
1歳10か月で入園。両親との3人暮らし。好奇心旺盛でいろいろなことを知りたがり、物覚えも早い。人なつっこくおしゃべり上手で、明るい雰囲気を提供してくれる。男女を問わず友だちが多い。

伝えるのが苦手、友だちができて明朗に
1歳児より入園。両親と祖父母の5人暮らし。自分から要求や思いを伝えることは苦手だが、うながすと話してくれる。入園当時はおとなしい印象だったが、仲よしの友だちができて明るくなった。

病弱気味、一人あそびが好き
3歳児より入園。両親と姉の4人家族。病弱気味で家の中で過ごすことが多かったせいか、みんなで遊ぶよりも自分一人のあそびに集中することが多い。何事も自分のペースで、じっくりと取り組んでやり遂げる。

歌と踊りが得意、アイドルのまねを好む
5か月より入園。共働きの両親と妹の4人家族。家で妹の面倒をみているせいか、年下の子の面倒見がよい。歌と踊りが上手で、アイドルのまねをよくしている。発表会ではグループのまとめ役を果たした。

周囲の様子をうかがう、基本的生活習慣は自立している
1歳児より入園。兄と弟、両親の5人家族。周囲の様子を必要以上に気にする傾向がある。仲よしの友だちとはくつろいで遊んでいるが、集団の中ではあまり発言しない。きれい好きで、基本的生活習慣は自立している。

母親が外国籍、明るく素直
1歳3か月より入園。外国籍の母親と日本人の父親、弟の4人家族。肌の色が他の子と違うことに違和感を抱いている。明るい性格だが、あそびなどで引っ込み思案になることがある。うながすと素直に応じる。

母親が再婚、思うがままの面も
6か月で入園。母と2人暮らしだったが、3歳のときに母親が再婚し、再婚相手とその連れ子の兄との4人家族になる。自分の思うがままにする傾向があったが、相手の気持ちに意識を向けることができるようになってきた。

整理整頓好き、協調性あり

1歳児で入園。兄と両親の4人家族。きれい好きで整理整頓が得意である。洋服などは時間をかけてていねいにたたみ、できない子を手伝ってあげている。やさしい性格で協調性も十分に備わっている。

創造活動が得意、あそびの中心に

6か月で入園。姉2人と両親の5人家族。明るく活発な性格で、創作することが得意である。紙粘土やおりがみなどでユニークな物を作ったり、新しいごっこあそびを考え出しては、友だちを誘って遊ぶのが好きである。

読み聞かせが大好き、暗記して口ずさむ

1歳児で入園。弟と両親、祖父母の6人暮らし。おしゃべりが得意で、読み聞かせを聞くのが大好き。韻をふんだ言い回しなどを覚えて口ずさみ、クラスの流行を生み出すこともある。

引っ込み思案で集団あそびが苦手

6か月より入園。両親と3人家族。自分の気持ちを表すのが苦手で、一人でいることが多い。園庭でのあそびに参加をうながすと素直に応じて楽しむことができるが、きっかけ作りが必要である。

発表会で自信、発言が活発に

3歳児より入園。妹と両親と祖母の5人暮らし。共働きの両親の代わりに祖母が面倒をみる。運動が苦手で全般的に消極的な印象であったが、発表会で重要な役を演じたことから、発言が活発になる。

恥ずかしがりや、しっかりあいさつ

2歳5か月より入園。兄と両親の4人家族。運動が得意で、友だちとボールあそびをするのが大好き。恥ずかしがりやの面があり、発言をちゅうちょすることがあるが、あいさつはしっかりとできる。

双生児、互いに気遣う

1歳児より入園。兄と両親の5人家族。2歳半ぐらいまでは行動をともにしないと気がすまなかったが、それ以降は別々の友だちと過ごすことが多くなった。お互いに程よい距離感で気遣い合っている。

明るく元気、ふざけすぎる場面も

10か月で入園。妹と両親、祖父の5人暮らし。元気でいつも明るい場を提供してくれる。ときにふざけすぎる場面もあるが、注意すると素直に従ってくれる。場をわきまえるふるまいができるようになってきた。

同性と遊ばない、絵が得意

6か月で入園。姉と両親の4人家族。男の子と遊ぶより、女の子と一緒に遊ぶことが多く、ごっこあそびをするのが好き。水やりなど園庭の植物の世話をよくこなし、よく観察しては上手な絵を描く。

好奇心旺盛な虫博士

2歳3か月で入園。両親と3人暮らし。好奇心・知識欲ともに旺盛で、保育者によく質問し、自分でもよく調べている。特に昆虫が大好きで、アリやダンゴ虫、コオロギなどを捕まえてはよく観察している。

天体に関心、生活習慣が未完成な面も

1歳児で入園。兄と両親、祖母の5人暮らし。雲や太陽から天体全体に至るまで興味があり、図鑑を持ち歩いてはいろいろな知識を披露している。排泄や着替えがまだスムーズにいかず、少し手間取ることがある。

保育要録よくあるギモン③

Q1 「10の姿」を、どう関連させればいいかわからないのですが…

　最終年度における子どもの姿は、保育所保育指針に示されている保育の目標を具体化した5つの領域のねらいに基づいて記述しますが、2017年に告示された改訂保育所保育指針に伴い、新たに「幼児期の終わりまでに育ってほしい姿10項目」（10の姿）が保育要録の様式に明記されました。

　「保育の展開と子どもの育ち」の欄では、この「10の姿」を意識した上で、最終年度の子どもの育ちと保育者の援助について記述する必要があります。ただし、この10の姿の内容は、決して特別なことではなく、子どもたちの生活やあそびをとおして見えてくる事柄ばかりです。すなわち「何をして遊んだ」という表面的な事実の羅列ではなく、そのあそびをとおして子どもにどのような成長が見られたか、この10の姿に照らし合わせることで、より明確になることから、設定されました。また、よい点だけでなく、至らない部分に関しては、それを育ちの途上であるととらえて記述します。すべてを網羅する必要はなく、一つの記述に複数の姿が含まれることもあります。

Q2 書く時間が取れないので、家に持ち帰ってもいいの？

　保育要録には、子どもの名前や住所、生年月日などの個人情報が含まれており、取り扱いには十分な注意が必要です。時間に余裕がないため家に持ち帰りたいという気持ちはわかりますが、通勤途中に紛失したり、家で第3者が目にしてしまうなどした場合、保育者本人だけでなく、園全体の責任になります。したがって、家へ持ち帰って書くことは、園のルールとして禁止とすべきです。

　要録の作成は、最終年度の担任が担当することになりますが、要録を書く保育者が時間に余裕をもって要録の作成に取り組むことができるよう、園全体で時間配分に配慮する必要があります。

Q3 用紙に書ききれない場合は、紙を足してもいいの？

　保育要録の様式は、各市町村で決められたものを使用することになっています。用紙におさまるように、内容を考えたらできるだけ要点を絞り、簡潔に記述することが大切です。読む側である小学校の教師も、長い文章を読むのは大変です。下書きをした後、この記述で読む側に何を伝えたいのかを明らかにすると、不要な部分が見えてきます。

　しかし、どうしても欄が足りない、書ききれないといった場合には、別紙を入れるかどうかを園の責任者に相談してみましょう。

第4章

保育要録
実例集

記入例 1 自己主張が強い子

[モデル（遼人）のデータ]
再婚した母親（37歳）、父親（34歳）と弟（2歳）、本児の4人家族。他県より転入してきた当初はなじめず、トラブルを起こすことが多かった。

ふりがな	○□りょうと	保育の過程と子どもの育ちに関する事項	最終年度に至るまでの育ちに関する事項
氏名	○□遼人	（最終年度の重点） 自分の力で物事をやり遂げ、充実感を得る。	3歳8か月で入園。入園当初は引っ越してきた環境の変化のためか、発熱や風邪をひき休むことが多かった。人と関わりたいという気持ちは強いが、当初は自分の思いや考えをうまくまとめられないために、「もっと遊びたい」という思いを伝えられず、遊具を独占するトラブルになったことがある。それらがたび重なって、自己主張だけが強く表出してしまうものと思われる。❺ 自分の思いを伝えるためにゆっくり話す、グループでのあそびに積極的に加わるなどをした結果、自我を押しとおすことは減少した。年長になり小さな子との交遊や世話をとおして、少しずつ自分の気持ちを素直に伝えられるようになっている。
生年月日	○×年△月□日生		
性別	男	（個人の重点） 友達と協調しながら、園生活を楽しむ。	
ねらい（発達を捉える視点）			
健康	明るく伸び伸びと行動し、充実感を味わう。	（保育の展開と子どもの育ち） ・体格がよく足も速いので運動会が大好き。運動をしていると伸び伸びと気持ちよさそうにしている。 ・友だちと遊具の順番などで争うことがあったが、他者への配慮や思いやりの大切さを教えると、徐々に素直に聞き子ども同士で話し合ってルールを守るようになった。❶ ・引っ越してきた当初は、関西弁で気持ちを伝えると他の児童に珍しがられとまどっていた。口ごもるクセのため、思いをすぐに言い表せなかったことも加わり、何度か友だちとトラブルを起こした。しかし、母親と話し合って、環境変化に順応できるまで見守り援助をするようにして、他の児童とのトラブルは減った。小さな子の面倒をみるのが好きで、本来のやさしい性格が見られるようになった。❷ ・ドッジボールなど大勢のチームで遊ぶときは、自然とリーダー的な役割になって活躍する。年長になると自分の思い通りに動けなくても、他の児童を責めたり責任を転嫁せず、みんなでゲームを楽しむ成長した姿が見られる。❸ ・お話を作るのが上手で、絵本からイメージをふくらませてお話しすることができる。 （特に配慮すべき事項） 風邪などで休むことは減ってきている。❹	
	自分の体を十分に動かし、進んで運動しようとする。		
	健康、安全な生活に必要な習慣や態度を身に付け、見通しをもって行動する。		
人間関係	保育所の生活を楽しみ、自分の力で行動することの充実感を味わう。		幼児期の終わりまでに育ってほしい姿（10の姿）
	身近な人と親しみ、関わりを深め、工夫したり、協力したりして一緒に活動する楽しさを味わい、愛情や信頼感をもつ。		ア，健康な心と体
	社会生活における望ましい習慣や態度を身に付ける。		イ，自立心
環境	身近な環境に親しみ、自然と触れ合う中で様々な事象に興味や関心をもつ。		ウ，協同性
	身近な環境に自分から関わり、発見を楽しんだり、考えたりし、それを生活に取り入れようとする。		エ，道徳性・規範意識の芽生え
	身近な事象を見たり、考えたり、扱ったりする中で、物の性質や数量、文字などに対する感覚を豊かにする。		オ，社会生活との関わり
言葉	自分の気持ちを言葉で表現する楽しさを味わう。		カ，思考力の芽生え
	人の言葉や話などをよく聞き、自分の経験したことや考えたことを話し、伝え合う喜びを味わう。		キ，自然との関わり・生命尊重
	日常生活に必要な言葉が分かるようになるとともに、絵本や物語などに親しみ、言葉に対する感覚を豊かにし、保育士等や友達と心を通わせる。		ク，数量や図形、標識や文字などへの関心・感覚
表現	いろいろなものの美しさなどに対する豊かな感性をもつ。		ケ，言葉による伝え合い
	感じたことや考えたことを自分なりに表現して楽しむ。		コ，豊かな感性と表現
	生活の中でイメージを豊かにし、様々な表現を楽しむ。		

❶ 子どもの育ちと働きかけを伝える

原文のままでもよいのですが、具体的な働きかけが分かると、より子どもの成長が伝わります。

> **例**「保育者が本児と一緒に並んで順番を待ったり、『こっちを使ってみようか』などと働きかけると、だんだん子ども同士で話し合うなどし、他の児童への思いやりを見せるようになった。」
> 「保育者が『みんなで並んでお話ししながら待とうね』、『さきにお絵かきしよう』などと働きかけると、本児も待つことになれてきて、子ども同士のルール決めを進んでするようになった。」

（★該当する10の姿：ウ、エ、ケ）

❷ 慣用語だけでは伝わらない

「本来のやさしい性格」というと伝わるようですが、実はよく分からない表現です。

> **例**「人と関わることで、相手を思いやり、自分を抑えることができるようになった。」

（★該当する10の姿：ウ、オ）

❸ 柔らかい表現を使う

「責める」や「責任転嫁」は、言葉としてキツイため、受ける印象が悪くなります。同じことでも柔らかい言葉を使うようにしましょう。

> **例**「思いや願いがとおらなくても、人のせいにしたり、ワガママを言ったりせず、率先してみんなで遊ぶ姿が見られた。」

（★該当する10の姿：ウ、エ）

❹ 何に配慮すべきかを明確に

この記述では、どう配慮すべきであると伝えたいのかがわかりません。

> **例**「保護者と相談し家庭と園でのうがい、手洗いを習慣化したところ、風邪で休むことが減ったので、今後もこの習慣を続けてほしい。」

❺ 憶測で判断していないか？

「～と思われる」という表現は、事実を具体的に伝えておらず、保育者の憶測での自己判断と受け取られてしまいます。

> **例**「トラブルを重ねるうちに、自分の主張を無理にとおすことが目立ってきた。」
> 「言葉がうまく出てこないので、もどかしくなり強い自己主張をしてしまうのである。」

ポイント！ 心身の発育を正しく伝える

情緒不安定など、子どもの育ちには家庭の事情が影響している場合があります。保護者と話し合い、どう向き合っていったのか、関連するエピソードを1～2点盛り込むと、その姿がより立体的に見えてきます。

保育者が伝えたいこと
遼人くんの自己主張の強さは、どこから来ているのか考察しました。転入当初は自我が拡大し、強烈な自己主張をする時期でもあります。いろいろな経験を積み自分の気持ちを整理し、まとめる力が芽生え社会的知性を獲得します。そして自我を形成し他の子を思いやる、リーダー的な子どもに成長しました。この心の育ちをしっかり小学校へ伝えたいと思います。

総合評価 ★★☆☆☆

自己主張の強さばかりを強調せずに、子どもの成長と活躍を印象深いエピソードを元にまとめています。リーダー的な活躍についてもっと具体的に述べることで、10の姿のイ（自立心）の育ちを、もっと表現できる文章になるでしょう。

記入例2 親が外国籍の子

[モデル（エミリ）のデータ]
外国籍の父親（37歳）、日本人の母親（34歳）と兄（13歳）、本児の4人家族。父親はコックとして働く。家庭では日本語と父親の母国語を話す。

ふりがな	○□えみり	保育の過程と子どもの育ちに関する事項	最終年度に至るまでの育ちに関する事項
氏名	○□エミリ	（最終年度の重点） 集団生活の中で自己を発揮しながら協力し合って生活する。	2歳より入園。外国籍の父親と日本人の母親、8歳上の兄の4人家族。兄とは年齢差があり共通のあそびや話題がないため、❹一人あそびを好み、絵本や人形に興味を持つ。入園当初は、友だちに自分の気持ちを伝えられず、泣いてばかりで、自力でトラブルに立ち向かうことをしなかった。❺じょじょに自分の行動が認められると、意欲的に園生活を楽しむようになった。自宅では父親の母国語と日本語を使い分け、園ではほぼ日本語で通じる。成長していくにつれ、髪の毛や肌の色が違うことに気づき、他の児童にも指摘され気にするようになったが、父親と母国語で話すことを友だちがほめたことで、違いを気にしなくなり自信を持ち始める。❻
生年月日	○×年△月□日生		
性別	女	（個人の重点） 自分から積極的に園生活を楽しむ	
	ねらい （発達を捉える視点）		
健康	明るく伸び伸びと行動し、充実感を味わう。 自分の体を十分に動かし、進んで運動しようとする。 健康、安全な生活に必要な習慣や態度を身に付け、見通しをもって行動する。	・生活習慣は自立しているが、やるべきことが分かっていても自分なりのペースで行うため、他の児童より遅くなってしまうことが多かったが、声かけをすることで状況に気づき、行動に移せるようになった。❶ ・自分でできることも他者に頼ることは、本児の寂しさや居場所のない不安を保育者が受け入れ、十分に関わることで、だんだんと少なくなっていった。 ・言葉がしっかりしてくると、他の児童が容姿の違いを聞いてきたことがあった。世界にはいろいろな人間がいて、いろいろな生活をしていることを絵本で説明し理解させると、本児の容姿に関して気にしないようになった。また、コックの父親にお願いして母国の料理を教わり、みんなで一緒に食べて外国と日本の違いに対して理解を深めた。❷ ・トラブルになると、泣き出してしまい自分の気持ちを筋道立てて話せなかったが、保育者が気持ちを落ち着かせて一つ一つ順番に整理して話すように援助すると、感情をコントロールして泣かないで話すことができるようになった。❸ ・子どもの集団の中であそびや生活をとおして言葉を覚え、標準的な発育を示しており、外国籍家庭のハンディを克服している。	
人間関係	保育所の生活を楽しみ、自分の力で行動することの充実感を味わう。 身近な人と親しみ、関わりを深め、工夫したり、協力したりして一緒に活動する楽しさを味わい、愛情や信頼感をもつ。 社会生活における望ましい習慣や態度を身に付ける。		幼児期の終わりまでに育ってほしい姿
環境	身近な環境に親しみ、自然と触れ合う中で様々な事象に興味や関心をもつ。 身近な環境に自分から関わり、発見を楽しんだり、考えたりし、それを生活に取り入れようとする。 身近な事象を見たり、考えたり、扱ったりする中で、物の性質や数量、文字などに対する感覚を豊かにする。		ア，健康な心と体
			イ，自立心
			ウ，協同性
			エ，道徳性・規範意識の芽生え
言葉	自分の気持ちを言葉で表現する楽しさを味わう。 人の言葉や話などをよく聞き、自分の経験したことや考えたことを話し、伝え合う喜びを味わう。 日常生活に必要な言葉が分かるようになるとともに、絵本や物語などに親しみ、言葉に対する感覚を豊かにし、保育士等や友達と心を通わせる。		オ，社会生活との関わり
			カ，思考力の芽生え
			キ，自然との関わり・生命尊重
			ク 数量や図形、標識や文字などへの関心・感覚
表現	いろいろなものの美しさなどに対する豊かな感性をもつ。 感じたことや考えたことを自分なりに表現して楽しむ。 生活の中でイメージを豊かにし、様々な表現を楽しむ。	（特に配慮すべき事項） 4歳より近視のため矯正用のメガネを使用している。	ケ 言葉による伝え合い
			コ 豊かな感性と表現

1 一文はあまり長すぎると読みづらい！

一つの文に、情報を詰めすぎると長くなりがちです。ブツブツと細切れも困りますが、読みづらくならない程度を心がけてください。

> 例：「生活習慣は自立しているが、食事では自分のペースを守るため、他の児童よりやや遅れることもある。『スープおいしいね。次はおいもを食べてみようか』等の声かけをすることで、状況を見てペースを早めるようになった。」

（★該当する10の姿：イ、オ、ケ）

2 コンプレックスを克服し成長！

保育者の援助と児童の反応がよく分かります。父親の料理に対する本児の反応やその後の成長を記してもよいでしょう。

> 例：「みんなで一緒に食べた後、本児とみんなで日本と外国の違いを話し合い理解を深めると、本児も喜んで料理を説明していた。」
> 「自分に対する自信が持てるようになり、友だちと仲よく七夕飾りを分担して作るなど、打ち解けて関わるようになった。」

（★該当する10の姿：ウ、カ、ケ、コ）

3 意味は分かるが伝わらない言葉はダメ！

「感情をコントロール」するのはおとなでも難しいものです。それは保育者の考えであって、子どもの気持ちを表してはいません。伝わる言葉を使うようにしましょう。

> 例：「本児も気持ちの高ぶりを抑えられるようになり、泣いてしまうことが少なくなった。」

（★該当する10の姿：エ、オ）

4 保育者が「なぜなのか」を決めつけない

兄と年齢差があることは事実ですが、「共通のあそびや話題がないため」一人あそびを好むというのは、確認したのでなければ、予断になるので注意しましょう。

5 マイナスイメージを与える言葉の後には援助の姿を！

子どものネガティブな面だけが強調されないように、それを保育者がどう援助したかも合わせて書くようにしましょう。

> 例：「立ち向かう姿が少なかったため、保育者が間に入り、気持ちを聞き出すようにした。」

6 子どもの変化や成長の過程を保育者が正しく伝える

小さな出来事ですが、気にしていた容姿の本児の違いがコンプレックスにならずにすんだ、本児の大切な記録です。具体的な例があればよりよいでしょう。

> 例：「家での父親の国の言葉での会話や、歌をみんなに披露し、ほめられたことが自信になった。」

保育者が伝えたいこと

父親が外国籍で、エミリちゃんも外国籍のまま入園しました。言葉や風習の違いに戸惑いながらも一生懸命に克服し成長した記録を、小学校で役立てていただけたらと思います。容姿の違いは小学校に上がれば、また子どもたちの好奇の対象になるかもしれません。小学校の先生には本児を温かく迎え入れてくださるようお願いいたします。

総合評価 ★★★☆☆

外国籍であること、自己主張が弱い、という2つの問題を抱えた子どもの育ちを、ていねいに伝えたいという姿勢はよいでしょう。言葉選びに少し注意してください。子どもの好きなものや関心事にもう少し触れると、10の姿のキ、クなどにつながります。

記入例 ③ ひとり親家庭で育った子

[モデル（健）のデータ]

母親（37歳）がシングルマザーとして、本児、妹（3歳）を育てている。飲食関係の仕事のため、生活サイクルが不規則。

ふりがな	○□けん	保育の過程と子どもの育ちに関する事項	最終年度に至るまでの育ちに関する事項
氏名	○□健	（最終年度の重点） いろいろな活動に意欲的に取り組み、試行錯誤しながらやり遂げる。	2歳時に入園。3歳のときに両親が離婚。妹（3歳）と母親の3人家族。生活習慣はおおむね自立している。母親の仕事の都合上、生活リズムがやや不規則。 入園当初は集団生活の中で、思ったことをグズグズして言わなかったことも多かったが、得意なことを友だちに認められ、ほめられることなどをとおして、自分の気持ちを素直に出すようになった。❺ 屋外で遊ぶのが好きで、プールでの顔つけを初めは怖がっていたが徐々に克服し、バタ足泳ぎができるようになり自信をつけた。この自信がバネとなって、運動会での跳び箱が跳べるようになり、苦手だった鉄棒にも積極的に挑戦するようになった。
生年月日	○×年△月□日生		
性別	男	（個人の重点） 自分の気持ちを伝え、相手の気持ちを理解する。	
ねらい（発達を捉える視点）			
健康	明るく伸び伸びと行動し、充実感を味わう。 自分の体を十分に動かし、進んで運動しようとする。 健康、安全な生活に必要な習慣や態度を身に付け、見通しをもって行動する。	（保育の展開と子どもの育ち） ・クラスの朝の会に間にあわず、1日の見通しが立てづらい面もあった。❶ またあそびや活動の途中から入ってくることで、それを積極的に行う姿勢が少なかったように思う。特に午前中に、ボンヤリしていることが多かった。❷ ・ルールのある集団あそびでは、友だちがルールを守れないとそれを指摘し続けて、遊べなくなることもあった。 ・自分より幼い子どもに対してやさしく思いやりを持って接する姿が見られ、小さな子に絵本を読んであげていた。自分の経験したことを思い出しながら、それをみんなに伝えることを喜ぶ。 ・絵本や紙芝居だけでなく、ストーリーだけの童話やむかし話も集中して聞き、イメージをふくらませて楽しむことができる。 ・運動会や遠足の絵を描くと、隣の子と同じような絵になり自分らしさを表現できないこともあった。周囲の子を気にしなくていいように、テーブルを一人ひとりに用意したり、画材や紙などを自由に選べるようにすると、自分なりの表現で楽しそうに取り組んでいる。❸	
人間関係	保育所の生活を楽しみ、自分の力で行動することの充実感を味わう。 身近な人と親しみ、関わりを深め、工夫したり、協力したりして一緒に活動する楽しさを味わい、愛情や信頼感をもつ。 社会生活における望ましい習慣や態度を身に付ける。		ア，健康な心と体
環境	身近な環境に親しみ、自然と触れ合う中で様々な事象に興味や関心をもつ。 身近な環境に自分から関わり、発見を楽しんだり、考えたりし、それを生活に取り入れようとする。 身近な事象を見たり、考えたり、扱ったりする中で、物の性質や数量、文字などに対する感覚を豊かにする。		イ，自立心
			ウ，協同性
言葉	自分の気持ちを言葉で表現する楽しさを味わう。 人の言葉や話などをよく聞き、自分の経験したことや考えたことを話し、伝え合う喜びを味わう。 日常生活に必要な言葉が分かるようになるとともに、絵本や物語などに親しみ、言葉に対する感覚を豊かにし、保育士等や友達と心を通わせる。		エ，道徳性・規範意識の芽生え
			オ，社会生活との関わり
			カ，思考力の芽生え
			キ，自然との関わり・生命尊重
表現	いろいろなものの美しさなどに対する豊かな感性をもつ。 感じたことや考えたことを自分なりに表現して楽しむ。 生活の中でイメージを豊かにし、様々な表現を楽しむ。	（特に配慮すべき事項） 生活リズムが不規則なためか、季節の変わり目に風邪をひくことが多い。❹	ク，数量や図形、標識や文字などへの関心・感覚
			ケ，言葉による伝え合い
			コ，豊かな感性と表現

幼児期の終わりまでに育ってほしい姿（10の姿）

❶ ネガティブな情報はそのまま出さない

保育者がいくら困っても、そのまま小学校に伝えるわけにはいきません。できるだけ表現を考えて、事実を記述するようにしましょう。

例「クラスの集まりに遅れることもあったが、あらかじめ対応策を組み込んでおくことで対処した。」

（★該当する10の姿：ア、オ）

❷ どんな様子かを明確に記述

保育者の憶測ではなく、子どもについて気になっている点を、事実に基づいて、正しく記述しましょう。

例「積極的に参加できる機会が少なかった。午前中はやや疲れているように見えることが多かった。」

（★該当する10の姿：ア、イ）

❸ 空白はなるべく避ける

まだスペースがあるなら、具体的な子どもの育ちを追加するようにしましょう。

例「好きな緑色を中心に伸び伸びと絵を描くようになり、粘土工作などを友だちに見せていた。」

（★該当する10の姿：オ、コ）

❹ 憶測で書かないで確認すること！

生活リズムが不規則なのかは、保育者側の憶測でしかありません。保護者の批判にも取れるので、確認と慎重な表現が必要です。

例「風邪をひくなど、季節の変わり目に体調を崩すことが多い。」

❺ 友だちとの関わりを軸にプラスイメージを伝える

子どもの置かれている状況を簡潔にかつプラスの表現で書きましょう。

例「入園当初は自分の思いをがまんしてしまうことも多かったが、集団での園生活を送るうちに好きな絵本をとおして友だちが増え、お話を上手にすることをほめられるなどで、自分の気持ちを素直に伝えられるようになった。」

「入園当初は初めての集団生活に驚き、とまどう姿が見られた。好きな絵本や読み聞かせをとおして友だちが増え、お話のイメージを聞かせるなど、徐々に自分の考えや気持ちを出せるようになっていった。」

ポイント！ 保育者の関わりを書こう！

どんな子どもでも、保育者との関わりにより、成長・発達を見せます。その関わりの過程と子どもの成長する姿を、積極的に伝えることが小学校での教育に役立ちます。保育者の関わりの重要性を再認識しましょう。

保育者が伝えたいこと
シングルマザーのお母さんと妹の3人で暮らす健くんは、お母さんの生活リズムの影響を強く受けています。入園当初は、意思表示をあまりしない子どもでしたが、他の子どもたちや保育者たちとの交流で徐々に成長していきました。その育ちの軌跡と本児が本来持っている、思いやりのあるやさしい姿を伝えたいと思います。

総合評価 ★★★★☆

子どもの育ちはよく表現されていますが、小学校の先生に「ひとり親家庭の子ども」の状況を、正確に伝えることが大切です。「保育の展開と子どもの育ち」でのエピソード（記録）の積み重ねの構成はよいでしょう。

記入例 4 意欲を継続できない子

[モデル（章一朗）のデータ]
父親（40歳）、母親（34歳）、本児と祖母（76歳）の4人家族。父母が共働きのため、入園までは祖母が子どもの面倒をみていた。

ふりがな	○□しょういちろう	保育の過程と子どもの育ちに関する事項	最終年度に至るまでの育ちに関する事項
氏名	○□章一朗	（最終年度の重点） 年長としての自覚を持ち、異年齢児に思いやりを持って接する。	3歳から入園。入園当初は活発だがものを壊すことが多く、大雑把な子のイメージだった。先の見通しを持ちにくいときや、自信が持ちきれないときに、乱暴な言動が見られた。❺保育者がともに不安を取り除くように援助すると落ち着き、自分から謝りにいったり、思いを言葉で表すようになった。身の回りのことはほぼ自分でできるが、見通しをもって行うことが不得手で、持ち物の管理などが雑になりがちだった。おとなが見届けをしていくことで本人も自覚し、ていねいにやろうとする姿に変わってきている。食事に時間がかかり、残すこともあったが、食べられる量を自分で決めたり、品数を減らすなどして、その後じょじょに時間内で全部食べられるようになった。
生年月日	○×年△月□日生		
性別	男	（個人の重点） 物事をあきらめずにやり遂げ、自信を持つ。	
ねらい （発達を捉える視点）			
健康	明るく伸び伸びと行動し、充実感を味わう。 自分の体を十分に動かし、進んで運動しようとする。 健康、安全な生活に必要な習慣や態度を身に付け、見通しをもって行動する。	・くじけると気持ちの切り換えに時間がかかったり、意欲をなくしてしまいやすく、環境や声かけの工夫をして、できる経験を積み重ねることで心の安定を図れるようにした。❶ ・生活習慣はほぼ自立しているが、先の見通しを完全に理解していないことがあり、一つ一つていねいに順番に行うことや、近くに手本となるような児童を配置し、見て理解できるようにするなどした結果、だんだんと先のことを自分で考える習慣ができてきた。 ・行き違いから友だちと小さなトラブルになることが多くあった。自分の思いが伝わらず、もどかしくて興奮し乱暴したこともあった。❷保育者が仲立ちになり、両方の話をお互いに聞くことで、気持ちを切り替えられるようになった。 ・昆虫が大好きで、園庭や散歩先の公園などで虫探しに夢中になった。園に戻り図鑑などを見ながら、昆虫や自然に対する知的興味を広げていった。 ・いくら注意しても❸持ち物を忘れたり、なくすことが多かった。「脱いだらどうするんだっけ？」というように次の行動について声かけをすると本人も気づくようになった。 ・制作や絵画の活動では、好きな昆虫のイメージをふくらませて取り組む姿が見られる。	幼児期の終わりまでに育ってほしい姿（10の姿）
人間関係	保育所の生活を楽しみ、自分の力で行動することの充実感を味わう。 身近な人と親しみ、関わりを深め、工夫したり、協力したりして一緒に活動する楽しさを味わい、愛情や信頼感をもつ。 社会生活における望ましい習慣や態度を身に付ける。		ア，健康な心と体
			イ，自立心
環境	身近な環境に親しみ、自然と触れ合う中で様々な事象に興味や関心をもつ。 身近な環境に自分から関わり、発見を楽しんだり、考えたりし、それを生活に取り入れようとする。 身近な事象を見たり、考えたり、扱ったりする中で、物の性質や数量、文字などに対する感覚を豊かにする。		ウ，協同性
			エ，道徳性・規範意識の芽生え
			オ，社会生活との関わり
			カ，思考力の芽生え
言葉	自分の気持ちを言葉で表現する楽しさを味わう。 人の言葉や話などをよく聞き、自分の経験したことや考えたことを話し、伝え合う喜びを味わう。 日常生活に必要な言葉が分かるようになるとともに、絵本や物語などに親しみ、言葉に対する感覚を豊かにし、保育士等や友達と心を通わせる。		キ，自然との関わり・生命尊重
			ク，数量や図形、標識や文字などへの関心・感覚
			ケ 言葉による伝え合い
表現	いろいろなものの美しさなどに対する豊かな感性をもつ。 感じたことや考えたことを自分なりに表現して楽しむ。 生活の中でイメージを豊かにし、様々な表現を楽しむ。	（特に配慮すべき事項） 食べ物に好き嫌いはないが、食べるスピードは遅い。❹	コ 豊かな感性と表現

❶ 経験の積み重ねで成長した姿を記す

「できる経験」では、何を指しているのか分かりません。子どもの行動や援助など具体的に書きましょう。

> **例**
> 「竹馬にうまく乗れなかったときは『次はもう少し低くしてみようか』と、できるところまで目標を下げた。成功体験を重ね、本児が意欲を継続できるようにした。」
> 「登園したら片づけるものの写真を順番に見せて、手順を分かりやすくしてあげるとくじけずに最後までできるようになった。」

（★該当する10の姿：イ）

❷ 短い文が連続すると読みにくい

長すぎる文章も読みにくいものですが、「～であった」とブツブツと短い文が続くのもダメ。伝えたいことを整理しましょう。

> **例**
> 「思いの行き違いから小さなトラブルになり、それがもどかしく思いが高じて、乱暴な言動に至ることも多くあった。」

（★該当する10の姿：ウ、エ、オ）

❸ 否定的な感情を出さない

「いくら注意しても～」という表現は不要です。「いくら」と感じているのは保育者であり、余計なマイナスイメージを出すだけで、子どもの思いではありません。

> **例**
> 「当初は母親と一つ一つきちんと確認していたが、それでも～」
> 「注意をうながすのだが～」
> 「あらかじめ確認するが～」

（★該当する10の姿：エ）

❹ 「スピード」よりも大切な情報を書こう

食べるスピードより、小食でそしゃくが苦手なことのほうが重要です。

> **例**
> 「小食で硬いものをそしゃくするのが苦手なため、食事に時間がかかることがある。」

❺ 具体例をあげて紹介する

「先の見通しを持ちにくいとき」と書くだけでは、どんな状況だったのかがわかりません。具体的な事例をあげて説明することが大切です。

> **例**
> 「ボールあそびの後、ボールをしまうときは次に出しやすいようにしたり、絵本を時間までに見終えるなど、見通しを立てて行動することがうまくいかなかったときに、乱暴な言動が見られる傾向があった。」

ポイント！ 育ちに関わる状況をすべて織り交ぜる

「できる」「できない」という子どもの能力や資質を並べるのではなく、園生活の中で子どもがいかに学び、育ってきたかを10の姿に照らし合わせながらまとめます。入園から卒園まで、保育者が見てきた子どもの姿が伝えられればベストです。

保育者が伝えたいこと
一人っ子でおばあちゃんに育てられた本児は、それまで経験したことを、生活上の見通しに応用することが苦手でした。しかし、記憶力の発達と経験則の充足で、徐々に解決しつつあります。本児の素直な性格や、制作活動に熱心に取り組む姿勢を小学校でも持続してほしいと思い、できるだけさまざまな例をあげて伝えようと思いました。

総合評価 ★★★★☆

見通しを立てるのが得意でなくても、他のよい面を見つけてマイナス面を十分カバーしています。いろいろなことを経験する小学校に希望が持てるものになっています。

記入例 5　パニックを起こしやすい子

[モデル（陽登美）のデータ]
父親（56歳）、母親（40歳）と姉（12歳）、本児の4人家族。父母は年齢差があり、母親は本児の教育に悩んでいる。

ふりがな	○□ひとみ	保育の過程と子どもの育ちに関する事項	最終年度に至るまでの育ちに関する事項 ❺
氏名	○□陽登美	（最終年度の重点） 自分たちで問題に取り組み、解決できるようにする。	2歳8か月で入園。入園当初から大きな音や声、突然の出来事などにパニックを起こすことがあった。パニックを起こすと顔色を変え、声を上げて泣きながら逃げまどう。 小さなうちは、家からお気に入りのポシェットを持ってきて携帯させると、比較的パニックになることが少なかった。 ❻ 特に音に敏感なため、運動会では、ピストルの音や太鼓の音が鳴るときは保育者が本児を抱き、避難したり耳をふさぐなどで安心させ、パニックを防いだ。 友だちと遊んでいて音に驚いてパニックを起こしたこともあったが、子どもたちには本児のことを説明してあり、大きな騒ぎにはならなかった。
生年月日	○×年△月□日生		
性別	女	（個人の重点） パニックを予防しながら、園生活を楽しむ。	
ねらい （発達を捉える視点）			
健康	明るく伸び伸びと行動し、充実感を味わう。 自分の体を十分に動かし、進んで運動しようとする。 健康、安全な生活に必要な習慣や態度を身に付け、見通しをもって行動する。	（保育の展開と子どもの育ち） ・大きな音でパニックになることがあるが、過呼吸を起こすなど、他に身体的な異常は見られない。 ・気持ちが落ち着くまで時間がかかる。保育者が抱きすくめるようにして耳ふさぎをしながら抱え、「だいじょうぶだよ」と声をかけ、気持ちが静まるのを待つようにしたところ、落ち着くようになってきている。 ・年長になり、大きな音を予測して、自ら耳ふさぎをするなど、自分でも対処するようになり、パニックの回数も減ってきた。 ・年の離れた姉の影響からか言葉の発達は早く、紙芝居よりもストーリー性の高い絵本を好む。一度読み聞かせると、話を覚え小さい子に語り聞かせたりする面もある。 ・パニックを恐れるために友だちと一緒に遊ぶより、一人でやおとなと遊ぶことを好んだが、徐々に自分から集団あそびの輪の中に入ったり、自分のしたいあそびに他の児童を受け入れて遊ぶ姿が見られるようになった。 ❶ ・人形などの絵を描くのを好む。 ❷ ・色彩への興味があり、絵画の活動では没頭する姿が見られる。好きな絵画あそびに熱中しているときは、割と大きな音がしても気にならないようである。 ❸ （特に配慮すべき事項） 特別な障害はない。 ❹	
人間関係	保育所の生活を楽しみ、自分の力で行動することの充実感を味わう。 身近な人と親しみ、関わりを深め、工夫したり、協力したりして一緒に活動する楽しさを味わい、愛情や信頼感をもつ。 社会生活における望ましい習慣や態度を身に付ける。		
環境	身近な環境に親しみ、自然と触れ合う中で様々な事象に興味や関心をもつ。 身近な環境に自分から関わり、発見を楽しんだり、考えたりし、それを生活に取り入れようとする。 身近な事象を見たり、考えたり、扱ったりする中で、物の性質や数量、文字などに対する感覚を豊かにする。		幼児期の終わりまでに育ってほしい姿（10の姿）
言葉	自分の気持ちを言葉で表現する楽しさを味わう。 人の言葉や話などをよく聞き、自分の経験したことや考えたことを話し、伝え合う喜びを味わう。 日常生活に必要な言葉が分かるようになるとともに、絵本や物語などに親しんだり、言葉に対する感覚を豊かにし、保育士等や友達と心を通わせる。		ア，健康な心と体
			イ，自立心
			ウ，協同性
			エ，道徳性・規範意識の芽生え
			オ，社会生活との関わり
			カ，思考力の芽生え
			キ，自然との関わり・生命尊重
表現	いろいろなものの美しさなどに対する豊かな感性をもつ。 感じたことや考えたことを自分なりに表現して楽しむ。 生活の中でイメージを豊かにし、様々な表現を楽しむ。		ク，数量や図形、標識や文字などへの関心・感覚
			ケ，言葉による伝え合い
			コ，豊かな感性と表現

1 できるだけいつ頃かを示そう

この文章のままでもよいのですが、いつ頃からそうなったのかが判断できません。5領域と育ちの経緯はリンクしているのですから、明確に書きましょう。

> **例**「年長になった頃から、自分から進んで集団あそびの輪に加わったり、自分の描いた塗り絵や人形を見せたりするなど、積極的に人との関わりを持つようになった。」

（★該当する10の姿：ウ、オ）

2 もう少し詳しく育ちを伝えよう

日々の記録などを見返し成長している姿をすくい上げましょう。要録は、子どもの確実な育ちを小学校に伝えることが目標なのです。

> **例**「自分の描いた人形の絵を、『かわいいね』とほめてくれた女児と仲よしになった。気の合う友だちと関わりながら、自分の思いを伝える大切さと喜びを学んでいる。」

（★該当する10の姿：オ、コ）

3 ネガティブな印象だけ残さない

ポジティブな面も表記することが、パニックを起こす面倒な子どもという一面にだけ陥ることを防いでくれます。「〜ようである。」という推定は言い換えたほうがよいでしょう。

> **例**「近くで大きな音がしても、パニックにならないほど塗り絵や絵本作りなど、好きな絵画活動には熱中する。」
> 「絵画あそびや、自分から進んで集団あそびをしているときは、大きな音も大丈夫である。」

（★該当する10の姿：ア、コ）

4 内容とリンクさせた深い情報を書く

「特別な障害はない。」と書かれただけでは、パニックに対する知識がない小学校の教師には分かりません。どうして「ない」といえるのか記す必要があります。

> **例**「医師に診断してもらったところ、特別な音に極端に反応するのではないことが分かり、広汎性発達障害ではないと判断された。」

5 育ちの全体を伝える構成に

特別な注意が必要な子どもの場合、詳しい経緯を伝えることが大切です。入園からの時系列を明確に表しながら、どのようなときにパニックになるのか、育ちとともに、どう変化していったかを記述するようにしましょう。

6 誤解を与える表現は避ける

この文では、他の児童も「家からお気に入りのポシェット」やおもちゃ等を園に持ち込んでいいようにも取られます。もちろん、保育に支障をきたすものは基本的には持ち込めません。

> **例**「3歳くらいまでは、母親と相談して本児がお気に入りのポシェットを、応急的に持たせていたところ、パニックになる音への反応が少なかった。」

保育者が伝えたいこと

陽登美ちゃんは、友だちとのあそびや小さな言動でパニックになることがあります。しかしその表面的な行動を「キレる」などと安直に表現するのは、小学校の教師に負の印象を与え「面倒な子」という、ネガティブな先入観を持たせます。「感情の起伏が激しい子」として保育者がどう関わってきたかを、具体的にかつていねいに伝えたいと思います。

総合評価

パニックを起こしやすい子どもは、小学校の教師にとって初めてかもしれません。その点の具体的な援助と、子どもの伸ばしていきたい面も、よく表されていると思います。

記入例 ⑥ 落ち着きがなくなる子

[モデル（幸人）のデータ]
父親（43歳）、母親（42歳）、弟（2歳）、本児の4人家族。3歳での入園時、母親は本児の落ち着きのなさに気づいていなかった。

ふりがな	○□ゆきと	保育の過程と子どもの育ちに関する事項	最終年度に至るまでの育ちに関する事項
氏名	○□幸人	（最終年度の重点） 一つの目標に向かって、協力し合いながら活動する。	3歳より入園。入園当初は落ち着きがなく、一つのことに集中できずに長続きしないことが多かった。集中力に欠け、音や目に入る刺激に弱く、その刺激に流されやすい。他の児童より少し離れたところで遊べるようにすると、周りの刺激が減り集中できることが多くなった。本人が興味をなくしても他の児童との兼ね合いで、好きな電車の本は見てもよいことにするなどし、集団での生活に適応している。❹好奇心が強い表れという面もあるので、周囲の視線をはずしたところで遊べるよう配慮し、❺言葉あそびや自然探索などに興味を深めていけるようになった。運動会の玉入れでは両手でいくつも持ったり、ジャンプして投げるなど、投げ方を工夫する探究心を発揮した。
生年月日	○×年△月□日生		
性別	男	（個人の重点） 途中で投げ出さず、最後までやりとおす。	
ねらい （発達を捉える視点）			
健康	明るく伸び伸びと行動し、充実感を味わう。 自分の体を十分に動かし、進んで運動しようとする。 健康、安全な生活に必要な習慣や態度を身に付け、見通しをもって行動する。	（保育の展開と子どもの育ち） ・特に大きな病気にかからず良好。基本的に丈夫で、薄着で過ごしており、風邪をひくことはほとんどない。 ・年少の頃は落ち着きがなく、じっとしていることが苦手だったが、保育者の援助で、年長の後半ではほぼ克服している。❶ ・さまざまな経験をしてきたことやがんばりを、友だちに認められ自信をつけ、集中力もつき、積極的になってきている。❷ ・工作などでは、周囲の視線が気にならないところでするようにして、「ゆっくりでいいよ」と声をかけるなど援助していると、他の児童の様子を気にしすぎることも少なくなり、できたものを友だちと見せ合うなど、友だちと自ら積極的に関わるようになった。 ・他のものに目移りしないで集中できるように、絵本や遊具は何種類も同時に渡さないでおくと、最後まで興味を持続できる。❸ ・冬の園庭でタンポポのロゼット（冬越しの形）を見つけ「これはなあに？」と聞いてきたので、「タンポポが、春までお休みしているところだよ」と教えると、「図鑑で調べよう」と自分から図鑑を探してきて、熱心にタンポポを調べ出した。その後、植物に関心を持ち始めている。 （特に配慮すべき事項）	
人間関係	保育所の生活を楽しみ、自分の力で行動することの充実感を味わう。 身近な人と親しみ、関わりを深め、工夫したり、協力したりして一緒に活動する楽しさを味わい、愛情や信頼感をもつ。 社会生活における望ましい習慣や態度を身に付ける。		幼児期の終わりまでに育ってほしい姿（10の姿）
環境	身近な環境に親しみ、自然と触れ合う中で様々な事象に興味や関心をもつ。 身近な環境に自分から関わり、発見を楽しんだり、考えたりし、それを生活に取り入れようとする。 身近な事象を見たり、考えたり、扱ったりする中で、物の性質や数量、文字などに対する感覚を豊かにする。		ア，健康な心と体
			イ，自立心
			ウ，協同性
			エ，道徳性・規範意識の芽生え
			オ，社会生活との関わり
言葉	自分の気持ちを言葉で表現する楽しさを味わう。 人の言葉や話などをよく聞き、自分の経験したことや考えたことを話し、伝え合う喜びを味わう。 日常生活に必要な言葉が分かるようになるとともに、絵本や物語などに親しみ、言葉に対する感覚を豊かにし、保育士等や友達と心を通わせる。		カ，思考力の芽生え
			キ，自然との関わり・生命尊重
			ク，数量や図形、標識や文字などへの関心・感覚
			ケ，言葉による伝え合い
表現	いろいろなものの美しさなどに対する豊かな感性をもつ。 感じたことや考えたことを自分なりに表現して楽しむ。 生活の中でイメージを豊かにし、様々な表現を楽しむ。		コ，豊かな感性と表現

① 保育者の援助を小学校に正しく伝える

集中力がついた援助を、就学する小学校と共有することが、本児のため、教師のためになります。できるだけ具体例を提供しましょう。

> **例**
> 「じっとしていることが苦手なので、パーテーションで視線を遮ったり、他の騒ぎから離れた部屋のコーナーで遊ぶようにするなどの対処で、集中力がついていった。」
> 「他の子どもの視線を気にしてじっとしていられなかったが、あそび場の位置や時間の調整等を工夫して、集中力を養っていった。」

（★該当する10の姿：イ、エ、オ）

② 言葉を分かりやすく整理する

原文のままでは、抽象的な言葉の羅列で構成されているため少し分かりづらいようです。順番を入れ替えることで、より分かりやすい文章になります。

> **例**
> 「年長になった頃から、さまざまな経験を積み、がんばったことを他の児童に認められた体験から自信をつけ、積極的になり集中力もついてきた。」

（★該当する10の姿：イ、ウ）

③ 実際の対応と子どもの変化を

「興味を持続できる」では、今一つ伝わってきません。子どもの反応をていねいに示すようにしましょう。

> **例**
> 「一つの絵本に強い関心を持ち、最後まで興味を失わず、じっくり読み込んだり、一つのゲームをやりとげる姿が見られた。」

（★該当する10の姿：イ、カ）

④ 説明不足ではもったいない

「……他の児童との兼ね合いで、～」と表現していますが、省略しすぎて意味がよく分かりません。限られたスペースですが、コンパクトにまとめましょう。

> **例**
> 「協同制作等で他の児童への影響を防ぐため、本児が興味を失ったときは好きな電車の本を見てもよいとするなど配慮の結果、集団での生活に適応してきている。」

⑤ 重なる事例は表現を変えよう

「周囲の視線をはずした～」という導入は、「保育の展開と子どもの育ち」で記した表現と似てしまいます。表現を変え、配慮、援助の理由を明確にした文章にしましょう。

> **例**
> 「集中できるように周囲の環境作りに配慮し、落ち着いて物事に取り組めるように援助したところ、……」
> 「周りでしていることに気を取られないように、保育者とともに少し離れた場所で遊べるように配慮したところ、……」

ポイント！ あそびをとおして育ちを伝える

子どもの成長について、あそびを中心に述べていくことも分かりやすい要録作りのポイントの一つです。子どもがどんなあそびに熱中し、どんなふうに他の児童と関わりながら発達を示したのかを日々の記録からまとめましょう。

保育者が伝えたいこと

落ち着きがない子は、3歳、4歳の低年齢児には多く見られます。それは好奇心が強いため目移りし、一つのことが長続きしないのです。本児は外からの刺激に対し、どのように反応してよいのか分からないため、やりかけていることを投げ出してしまうのです。しかし、保育者の適切な援助と環境作りで興味・関心を持続できたことを伝えたいと思います。

総合評価 ★★★★☆

よくいえば活発な子どもなので、就学する小学校の教諭にその対処法を正確に伝える工夫をしています。集中力のなさ以外の育ちも示されているのもよいでしょう。保育者との関わり以外に、友だちに認められたエピソードなどがあると、10の姿のウやオの姿がより表れるでしょう。

記入例 7　友だちと騒ぎまわる子

[モデル（実樹）のデータ]
父親（35歳）、母親（37歳）と、1歳の妹、本児の4人家族。4歳のとき妹が生まれ、母親が世話に忙しく本児にあまり構わなくなった。

ふりがな	○□みき	保育の過程と子どもの育ちに関する事項	最終年度に至るまでの育ちに関する事項
氏名	○□実樹	（最終年度の重点） 自然の変化や美しさに関心を持ち、大切さに気づく。	2歳より入園。4歳7か月頃から、絵本の読み聞かせの時間などに、友だちとふざけて騒ぎまわり他の児童に迷惑をかけることが見られるようになった。妹が生まれて母親が赤ん坊にかかりきりになり、基本的な生活習慣が自立している本児に構わなくなったことも、注目を集めたくて騒ぎまわる一因である。❺ 気が強く、クラスの中で自分の思うように勝手にふるまう姿が見られ、友だちからそれを指摘されることも増えていった。初めは相手の思いを受け入れる気持ちを持てなかったが、集団あそびの楽しさを体験するうちに友だちとの関わりの心地よさに気づき、少しずつ自分をコントロールしようとする気持ちが芽生えた。❻
生年月日	○×年△月□日生		
性別	女	（個人の重点） 周りに気遣いながら、楽しく園生活を送る。	
	ねらい （発達を捉える視点）		
健康	明るく伸び伸びと行動し、充実感を味わう。 自分の体を十分に動かし、進んで運動しようとする。 健康、安全な生活に必要な習慣や態度を身に付け、見通しをもって行動する。	（保育の展開と子どもの育ち） ・体を動かして遊ぶことは好きであるが、平均台などゆっくり体と心をコントロールしながら行うあそびは気持ちが先走り、難しそうに取り組んでいた。❶ ・周囲を気にせず騒ぎまわることは、年長になった当初、注意しても治まらなかったが、友だちとの関係を集団あそびの中から学んでいくうちに、次第にふざけて騒ぐことが少なくなった。保育者の気をひき自分たちを構ってほしいという甘えからの行動といえるが、いつでも本児の話をじっくりと聞いてあげ、思いのたけを話させて満足させることが解決の糸口となった。❷ ・友だちの意見には素直に耳を傾ける面があり、「聞く態度」は身についている。クラスの活動の進め方をみんなで話し合う機会を作ったところ、本児もいろいろな意見を出していた。 ・絵や工作にはあまり熱心ではなかったが、年長になり、仲よしの友だちの影響で好きになり、描いた妹の絵を見せにきたこともあった。❸ ・年長の発表会では、よくとおる声で劇のセリフを言ったり、リズムよくダンスを踊ったりした。友だちを誘って一緒に歌うなど、積極的に楽しむ姿が見られた。 （特に配慮すべき事項） 2歳児頃から虫歯が多く、治療しているが、食欲も歯の影響を受けている。❹	幼児期の終わりまでに育ってほしい姿（10の姿） ア，健康な心と体 イ，自立心 ウ，協同性 エ，道徳性・規範意識の芽生え オ，社会生活との関わり カ，思考力の芽生え キ，自然との関わり・生命尊重 ク，数量や図形、標識や文字などへの関心・感覚 ケ，言葉による伝え合い コ，豊かな感性と表現
人間関係	保育所の生活を楽しみ、自分の力で行動することの充実感を味わう。 身近な人と親しみ、関わりを深め、工夫したり、協力したりして一緒に活動する楽しさを味わい、愛情や信頼感をもつ。 社会生活における望ましい習慣や態度を身に付ける。		
環境	身近な環境に親しみ、自然と触れ合う中で様々な事象に興味や関心をもつ。 身近な環境に自分から関わり、発見を楽しんだり、考えたりし、それを生活に取り入れようとする。 身近な事象を見たり、考えたり、扱ったりする中で、物の性質や数量、文字などに対する感覚を豊かにする。		
言葉	自分の気持ちを言葉で表現する楽しさを味わう。 人の言葉や話などをよく聞き、自分の経験したことや考えたことを話し、伝え合う喜びを味わう。 日常生活に必要な言葉が分かるようになるとともに、絵本や物語などに親しみ、言葉に対する感覚を豊かにし、保育士等や友達と心を通わせる。		
表現	いろいろなものの美しさなどに対する豊かな感性をもつ。 感じたことや考えたことを自分なりに表現して楽しむ。 生活の中でイメージを豊かにし、様々な表現を楽しむ。		

① 体を動かす援助と成長を書こう

5歳後半になると、体をコントロールすることが上手にできるようになります。小学校につながる運動機能向上への援助も書きましょう。

> **例**「初めは苦手だった平均台も、バランスを取って渡れるようになり『すごいね実樹ちゃん』とほめると、鉄棒の逆上がりにも挑戦するようになり、友だちときそい合って楽しんでいる。」

（★該当する10の姿：ア、イ）

② 5歳児らしい育ちの面も紹介しよう

騒いだことだけでなく、子どもが身につけた習慣など、もう少し明るい育ちの様子が分かる例を足したほうがよいでしょう。

> **例**「5歳になると落ち着きが見られ、自分の気持ちを抑えて話を聞く姿勢ができつつある。」
> 「年長になり、絵などの制作に興味を持ち、友だちとの交流を深めるきっかけとなった。」
> 「5歳になると、友だちの話はよく聞くという『聞く態度』とみんなの前で話す『話す態度』を身につけた。」

（★該当する10の姿：イ、ウ、エ）

③ 子どもの成長を観察する

毎日つぶさに子どもを見ていると、成長の瞬間が感じられることもあります。その記録を忘れず記述してください。

> **例**「保育者に『先生、これ妹だよ』と絵を見せにきたとき、本児が妹の存在を認めるまで成長したことを実感した。」

（★該当する10の姿：イ、コ）

保育者が伝えたいこと

元々、元気な女の子でしたが、妹ができて母親の関心が移ったのを発端にクラスで騒ぐようになりました。養護の面ではおおむね原因は分かっていますが、子どもの心の陰影を素早く感じ取れればと思いました。会話と友だちとのあそびをとおして、実樹ちゃんの心も落ち着きました。就学するまでには、もうひと回り成長した姿への期待について伝えたいと思います。

④ 援助があれば書く

「食欲も歯の影響を受けている。」では、どのような状態なのかよく分かりません。具体的な援助の仕方があれば、記述しておきましょう。

> **例**「硬い食べ物は小さめに切ってあげると食べられる。」

⑤ 想像や推測でなく保護者に聞いたことを書く

「騒ぎまわる一因である。」と断言するのは、母親などと話し合ったのでなければ、小学校に断定的な情報を伝えることになるので、避けましょう。

> **例**「基本的な生活習慣は自立している本児に、あまり手をかけなくなったという母親の言葉から、おとなの気をひくため騒ぐものと考えられる。」

⑥ 援助と育ちの連係を示す

本児がどのように変わったのかは、みんなと協同した内容を書くと心の育ちを明確に伝えることができます。

> **例**「特に運動会のリレーでは他のクラスに負け続けたが、最後の組をクラス全員で応援して勝ったことが、それ以降の成長の糧となった。」
> 「手先が器用で、あやとりや折り紙に興味を持ち、『これやって！』と保育者と一緒に遊ぶようになり、他のあそびにも参加するようになった。」

総合評価 ★★★☆

自分を見てほしいという「注意喚起行動」の裏にある子どもの満たされない気持ちを、どのように援助し癒やしてあげたかが分かります。もう少し具体例があれば説得力が増します。

記入例 8　嫌なことから逃げる子

[モデル（拓）のデータ]
父親（43歳）、母親（40歳）、兄（12歳）、姉（8歳）、本児の5人家族。父母は製造販売業を営んでおり、早朝から二人で仕事にかかるため長期保育となった。

ふりがな	○□たく	保育の過程と子どもの育ちに関する事項	最終年度に至るまでの育ちに関する事項
氏名	○□ 拓	（最終年度の重点） 人の話をよく聞き、理解する。	0歳児より入園。両親の仕事の都合で、早朝から夜まで延長保育を利用。乳児期は保育者との関係も深まり、友だちとのあそびも十分楽しんできたが、困難な場面や出来事にぶつかったときに、放って逃げ出してしまうことが多かった。しかし、年中頃から、最後まで積極的に取り組む姿が見られるようになる。❹着替えや排泄などの生活習慣は自立していて、食事も好き嫌いなく食べる。少し太りぎみだが肥満体ではなく、健康状態は良好である。午前中、眠そうにしていることもある。❺保護者によると、末っ子のため、家庭では少し甘やかされ、本児が嫌がることは保護者や兄弟が先に片づけてしまう傾向がある。苦手な運動にも少しずつ挑戦心が芽生えてきている。
生年月日	○×年△月□日生		
性別	男	（個人の重点） 失敗を恐れず、いろいろなことにチャレンジする。	
ねらい（発達を捉える視点）			
健康	明るく伸び伸びと行動し、充実感を味わう。 自分の体を十分に動かし、進んで運動しようとする。 健康、安全な生活に必要な習慣や態度を身に付け、見通しをもって行動する。	（保育の展開と子どもの育ち） ・自分が思うようにできないと、気持ちが揺れて不安定になることがある。困難なことに直面すると、そこから逃げることが多かったが、保育者が意欲的に本児と関わり、援助する中で、いろいろなことにチャレンジする姿が見られるようになった。 ・延長保育では保育者との1対1の関わりを大事にし、朝は受け入れやあそびの準備をしたり、夜は最後の片づけを手伝ってもらうなどして過ごした。❶ ・あまり得意でなかった鉄棒で、「なまけものさんあそび」をすると、❷それまで腕力が足らずできなかったが、友だちの声援に押されて挑戦し成功したときは、誇らしげな表情を見せていた。 ・いも掘りでは、年少のときには小さなサツマイモしか取れずくやしそうだったが、年長になり大きないもを掘り出して、「こっちは太いけど短いね」「重たいけど持てるよ」などと、友だちと形や重さを比べて楽しんでいた。❸ ・年長になるとお迎えが遅くなってもグズらず、保育者と話したり絵本を見るなどして過ごし、帰りにも「先生さようなら！」とハキハキとあいさつができる。	
人間関係	保育所の生活を楽しみ、自分の力で行動することの充実感を味わう。 身近な人と親しみ、関わりを深め、工夫したり、協力したりして一緒に活動する楽しさを味わい、愛情や信頼感をもつ。 社会生活における望ましい習慣や態度を身に付ける。		
環境	身近な環境に親しみ、自然と触れ合う中で様々な事象に興味や関心をもつ。 身近な環境に自分から関わり、発見を楽しんだり、考えたりし、それを生活に取り入れようとする。 身近な事象を見たり、考えたり、扱ったりする中で、物の性質や数量、文字などに対する感覚を豊かにする。		幼児期の終わりまでに育ってほしい姿（10の姿）
言葉	自分の気持ちを言葉で表現する楽しさを味わう。 人の言葉や話をよく聞き、自分の経験したことや考えたことを話し、伝え合う喜びを味わう。 日常生活に必要な言葉が分かるようになるとともに、絵本や物語などに親しみ、言葉に対する感覚を豊かにし、保育士等や友達と心を通わせる。		ア，健康な心と体
			イ，自立心
			ウ，協同性
			エ，道徳性・規範意識の芽生え
			オ，社会生活との関わり
			カ，思考力の芽生え
			キ，自然との関わり・生命尊重
			ク，数量や図形、標識や文字などへの関心・感覚
表現	いろいろなものの美しさなどに対する豊かな感性をもつ。 感じたことや考えたことを自分なりに表現して楽しむ。 生活の中でイメージを豊かにし、様々な表現を楽しむ。	（特に配慮すべき事項）	ケ，言葉による伝え合い
			コ，豊かな感性と表現

❶ 子どもの育ちが見える表現を

このままでは、子どもがどのように感じ、育ちをしたかが分かりません。子どもの表情や気持ちを観察して具体的に書きましょう。

例
「準備や片づけを手伝う中で自分が役に立っているんだ、ということを実感でき、充足感を感じている。」
「片づけが早く終わり、保育者からほめられるととてもうれしそうな表情を浮かべて、お迎えまで生き生きと他の手伝いをした。」
「保育者の手伝いをやり遂げ、達成感をおぼえると徐々に積極性が芽生え、自分から他の作業を見つけるようになった。」

（★該当する10の姿：イ、エ、オ）

❷ 誰にでも伝わる書き方をしよう

「なまけものさんあそび」など、園独自で使われている名称は避けましょう。解説をつけると、小学校でも理解できます。

例
「両手両足でぶら下がる『なまけものさん』や、体を引きつける『斜めけんすい』をすると～」

（★該当する10の姿：ア）

❸ 子どもと自然の関わりを書こう

「～楽しんでいた。」でもよいのですが、自然をとおして子どもの成長を示せば、よりその姿が鮮明に見えてきます。

例
「成長して自分の力で収穫できた喜びを、サツマイモの形や重さを比べることで実感し、みんなと一緒に秋を満喫し楽しんでいた。」

（★該当する10の姿：キ）

❹ いろいろな面を伝えよう

「～積極的に取り組む姿が見られる」だけでは、具体的なイメージがつかめません。育ち全般を伝えるために、他の保育者と話し合うなどしてまとめましょう。

例
「だが年長になり縄跳び100回に挑戦し、それをやり遂げたことで自信が出てきて、困難なことや嫌なことにも逃げずにしっかりと向き合い、積極的に自分の思いや考えを表現できるようになった。」

❺ 学校生活と関連することは詳しく書く

学校生活に差し障りのありそうなことは、その原因なども、小学校教諭は知りたいところです。

例
「朝早く起きる日課のため、寝不足気味の日もあり、自由あそびのときなど、ボーっとして眠そうなときもある。」

ポイント！ 長期間在園している子どもの場合

0歳児から保育している子どもの場合、その6年間の育ちを1枚の保育要録にまとめるのは大変難しいことです。どのように育ち、どんな可能性を持っているか、端的に小学校に伝えなければなりません。5歳の姿だけでなく、それまでの成長のポイントを具体的に記述することが大事です。

保育者が伝えたいこと
拓くんは入園時より延長保育を行い、保育者との関わりも深く生活習慣は園での生活で身につけました。しかし少しつまずくと、それを投げ出してしまう面があり小学校生活での支障が心配でしたが、5歳後半から自信をつけ、自分の意見などをしっかりと言える積極性も出てきました。今もハキハキあいさつしています。小学校に行っても明るくあいさつできる姿を伝えたいと思います。

総合評価 ★★★☆

長期の延長保育の中で、子どもがいかに育っていったかが、細やかな観察力で書かれています。鉄棒のエピソードなど子どもたちの生き生きした姿が伝わります。子どもが好きなことにもう少し着目すると、10の姿の育ちがより明確になるでしょう。

記入例 ⑨ 食物アレルギーがある子

[モデル（ヒロ）のデータ]
父親（50歳）、母親（43歳）、姉（8歳）、本児の4人家族。母親とともに除去食の徹底を行い、食物アレルギーを克服した。

ふりがな	○□ひろ	保育の過程と子どもの育ちに関する事項	最終年度に至るまでの育ちに関する事項
氏名	○□ ヒロ	（最終年度の重点） 主体的に行動し、充実感を味わう。	2歳から入園。卵・小麦・牛乳がアレルゲンで、いずれの食物でもアナフィラキシーショックの経験があるとのことで、保護者と相談し除去食を出していた。医師の指示書に基づき、誤食がないように献立表でアレルゲンの食品をチェックし、担当保育者、栄養士と確認をしていった。半年に一回は病院に行き、除去食の解除の相談を進めてきた。年長になって、加熱した卵が食べられるようになった。本人も食物アレルギーで自分が食べられないものを理解しており、4年間事故なく過ごすことができた。家庭と園で、根気強く除去食の徹底を進めてきたことで、年長後半には食べられるものも増えた。❺
生年月日	○×年△月□日生		
性別	男	（個人の重点） 友だちと協力して物事に取り組む。	
ねらい （発達を捉える視点）			
健康	明るく伸び伸びと行動し、充実感を味わう。	（保育の展開と子どもの育ち） ・成長に伴い、食物アレルギーは軽減している。また、基本的な生活習慣は自立しており、ていねいに行うことができるので、食事以外には特別な配慮は必要ない。 ・園での歯科検診で、甘いものの食べすぎの注意や食後の歯磨き励行などの健康教育をしたところ、本児が家庭でその話をしたらしく、それまで歯磨きを意識していなかった保護者も気にするようになり、改善が見られた。 ・本児が除去食を食べているのを見て、他の児童が保育者になぜ違う食事なのかを聞いてきたので、食物アレルギーのことをみんなに話して、「ショックを起こすと、命に関わることもあるんだよ」と言うと納得し、さらに本人が「気をつければだいじょうぶだよ」とみんなに伝えると、それ以降は除去食について疑問を持つ子はいなくなった。❶ ・体を動かすことは好きだが、勝ち負けがあるものは負けるのが嫌でやらないこともあった。負けて悔し涙を流している姿も見たが、徐々にあそび自体のおもしろさに夢中になり、気持ちを切り替えてチャレンジするようになった。❷ ・友だちの喜ぶことや嫌なことを感じる力が優れている。❸ （特に配慮すべき事項） 食物アレルギーについて、両親と祖父母で考え方が一致していないので注意。❹	
	自分の体を十分に動かし、進んで運動しようとする。		
	健康、安全な生活に必要な習慣や態度を身に付け、見通しをもって行動する。		
人間関係	保育所の生活を楽しみ、自分の力で行動することの充実感を味わう。		幼児期の終わりまでに育ってほしい姿（10の姿）
	身近な人と親しみ、関わりを深め、工夫したり、協力したりして一緒に活動する楽しさを味わい、愛情や信頼感をもつ。		ア，健康な心と体
	社会生活における望ましい習慣や態度を身に付ける。		イ，自立心
環境	身近な環境に親しみ、自然と触れ合う中で様々な事象に興味や関心をもつ。		ウ，協同性
	身近な環境に自分から関わり、発見を楽しんだり、考えたりし、それを生活に取り入れようとする。		エ，道徳性・規範意識の芽生え
	身近な事象を見たり、考えたり、扱ったりする中で、物の性質や数量、文字などに対する感覚を豊かにする。		オ，社会生活との関わり
言葉	自分の気持ちを言葉で表現する楽しさを味わう。		カ，思考力の芽生え
	人の言葉や話などをよく聞き、自分の経験したことや考えたことを話し、伝え合う喜びを味わう。		キ，自然との関わり・生命尊重
	日常生活に必要な言葉が分かるようになるとともに、絵本や物語などに親しみ、言葉に対する感覚を豊かにし、保育士等や友達と心を通わせる。		ク，数量や図形、標識や文字などへの関心・感覚
表現	いろいろなものの美しさなどに対する豊かな感性をもつ。		ケ，言葉による伝え合い
	感じたことや考えたことを自分なりに表現して楽しむ。		コ，豊かな感性と表現
	生活の中でイメージを豊かにし、様々な表現を楽しむ。		

110

❶ 一つの文章で2つ以上は書かない

多くの情報を盛り込みすぎると、読みづらい上、内容が伝わりません。文章を整理してみましょう。

> **例**「本児が除去食を食べているのを見て、他の児童がなぜ違う食事なのかを聞いてきた。食物アレルギーのことをやさしく説明し、命に関わることもあることを教えると理解した。さらに本児が『気をつければだいじょうぶだよ』とみんなに伝えると、それ以降は除去食について疑問を持つ子どもはいなくなった。」
>
> （★該当する10の姿：イ、オ）

❷ 意味がすぐ分かる書き方をする

「勝ち負けがあるもの」というだけでは、何を指しているのか分からず、文意が分かりづらくなってしまいます。ネガティブな印象が強いので、言い換えたほうがよいでしょう。

> **例**「サッカーやドッジボールなどの球技を好み、くり返し遊んでいるうちに、ボールの扱いが上達した。勝ち負けにこだわる面があり、負けて泣いたこともあったが、年長になりあそび自体のおもしろさが分かり、さまざまな運動にチャレンジするようになった。」
>
> （★該当する10の姿：オ、カ）

❸ 子どもの姿をより分かりやすく

本児の成長をもう少し詳しく書きましょう。

> **例**「自分の思いを重ね合わせて、他の児童が困っていたり寂しそうにしていると、その子どもを思いやることで、クラスの児童に安心感を与える存在となっている。」
>
> （★該当する10の姿：ウ、エ、オ）

❹ 特記事項では、個人情報の取り扱いに留意

就学後の指導上、健康面で特に配慮が必要なことがある場合、個人情報の取り扱いに留意しながらここに記載します。書かなくてもいいことや保護者のプライバシーに関わることがないか、注意します。

> **例**「食物アレルギーがあり、除去食を行っていた。（詳細は学校生活管理指導表を参照）」
> 「卵、小麦、牛乳アレルギーによるアナフィラキシーショックの経験があるため、保護者との緊密な連携が必要。」

❺ アレルギー以外のことも伝えたい

本児にとってアレルギーに関することは最重要事項ですが、育ち全般を伝えるために、他の面も書いたほうがより子どもの姿が立体的に見えてきます。

> **例**「食物アレルギーで苦しんだ分、本児は他の人の思いが分かるやさしさを身につけた。」
> 「活発なあそびを好む。年長になり、大勢でのあそびにも積極的に加わっている。」

ポイント！ 配慮が必要な症状がある場合

アレルギーなど子どもの健康面で就学後の指導において特に配慮が必要と判断した事項は「特に配慮すべき事項」に記載します。欄は小さいので、詳細まで記述することはできません。必要に応じて、「学校生活管理指導表参照」などと追記しておくのもよいでしょう。

保育者が伝えたいこと
子どもは一人ひとり個性が違うように、健康状態も違います。ヒロくんのように、食物アレルギーを持つ子どもも多いのです。小学校にはアレルギーがあっても、注意するポイントさえ押さえておけば、普通の子と変わらないということを理解してもらいたいです。自分が苦しんだ分だけ思いやりがある、素晴らしい子どもであることも伝えたいと思います。

総合評価 ★★★☆☆

食物アレルギーを乗り越えて、真っすぐに成長した姿が伝わるようにもう少し細やかな情報がほしいところです。10の姿を踏まえた、多面的な姿を伝えられるよう、日誌等を詳しく見てください。

記入例 10 育児放棄が懸念される子

[モデル（由美香）のデータ]
母親（34歳）と弟（2歳）、祖母、本児4人家族。両親が離婚しており、祖母は高齢で幼児の面倒をみられない。

ふりがな	○□ゆみか	保育の過程と子どもの育ちに関する事項	最終年度に至るまでの育ちに関する事項
氏名	○□ 由美香	（最終年度の重点） 自分の目標を立て、それについて試したり考えたりして取り組む。	4歳児より入園。母親が育児放棄に近い状態で、汚れた顔のままや同じ服を着て登園することが多い。他人に触られたり、午睡で部屋を暗くするとおびえるような姿があった。児童相談所に相談したが、すぐに保護すべき程度ではないという結論になった。園では本児を決して感情的に叱らないこと、保育者は信頼できる環境を作り、保育者も小さな声で話しかけるなど、複数の保育者と役割分担し根気強く援助した。保健所や自治体の児童相談など周辺の関係機関とも連絡を取り、保育所終了後のことまでを考慮した援助のネットワーク作りをしている。送迎時には他の保護者の出入りが多く、不安そうな表情を見せることがあるので、常に近くに担当がついて遊ぶようにしていた。
生年月日	○×年△月□日生		
性別	女	（個人の重点） 友だちと励まし合ったり、協力し合いながら楽しく遊ぶ。	
	ねらい （発達を捉える視点）		
健康	明るく伸び伸びと行動し、充実感を味わう。 自分の体を十分に動かし、進んで運動しようとする。 健康、安全な生活に必要な習慣や態度を身に付け、見通しをもって行動する。	（保育の展開と子どもの育ち） ・生活習慣は自立しているが、歯磨き、洗顔は苦手であり、正しいブラッシングなどを教えた。❶ ・ケース会議で保育者の役割を決め、本児に対応した結果、徐々に精神的な安定が見られた。❷ ・場や状況を理解することが難しく、対人関係でもやり取りがスムーズにいかず、くじけてしまうことが多かった。保育者が間に入ったり、状況を説明したりする中で、友だちとのやり取りも噛み合うようになってきている。保育者がそばにいれば、仲のよい友だちとは安心して遊ぶ。❸ ・生活や活動の中では、見えないことや自分ができないで見通しの持てないことに対し、不安を感じているときもあるが、❹友だちの励ましや保育者の支援をもとに、意欲をもって取り組もうとするようになってきている。 ・自分の気持ちが言えずがまんしたり、一人でブロックあそびなどで遊ぶことが多かったが、年長になり少しずつ友だちにも思いを話せるようになり、友だちとの関わりを楽しむようになってきた。 ❺	
人間関係	保育所の生活を楽しみ、自分の力で行動することの充実感を味わう。 身近な人と親しみ、関わりを深め、工夫したり、協力したりして一緒に活動する楽しさを味わい、愛情や信頼感をもつ。 社会生活における望ましい習慣や態度を身に付ける。		
環境	身近な環境に親しみ、自然と触れ合う中で様々な事象に興味や関心をもつ。 身近な環境に自分から関わり、発見を楽しんだり、考えたりし、それを生活に取り入れようとする。 身近な事象を見たり、考えたり、扱ったりする中で、物の性質や数量、文字などに対する感覚を豊かにする。		幼児期の終わりまでに育ってほしい姿（10の姿）
			ア．健康な心と体
			イ．自立心
			ウ．協同性
言葉	自分の気持ちを言葉で表現する楽しさを味わう。 人の言葉や話などをよく聞き、自分の経験したことや考えたことを話し、伝え合う喜びを味わう。 日常生活に必要な言葉が分かるようになるとともに、絵本や物語などに親しみ、言葉に対する感覚を豊かにし、保育士等や友達と心を通わせる。		エ．道徳性・規範意識の芽生え
			オ．社会生活との関わり
			カ．思考力の芽生え
			キ．自然との関わり・生命尊重
			ク．数量や図形、標識や文字などへの関心・感覚
表現	いろいろなものの美しさなどに対する豊かな感性をもつ。 感じたことや考えたことを自分なりに表現して楽しむ。 生活の中でイメージを豊かにし、様々な表現を楽しむ。	（特に配慮すべき事項） 皮膚が弱く、汚れたままにすると炎症を起こすので、清潔を保つように配慮した。	ケ．言葉による伝え合い
			コ．豊かな感性と表現

1 矛盾した表現はダメ！

「生活習慣は自立している」と書かれているのに、歯磨き、洗顔ができないのは矛盾します。内容表現を考えて書きましょう。

> **例**「正しい洗顔法やブラッシングを、家庭で習得していなかったため苦手だったが、保育者と一緒に行うことで、きちんとできるようになった。」

（★該当する10の姿：ア、イ）

2 援助の内容を具体的に記す

ケース会議での決定と援助を具体的に示し、子どもの反応や育ちを書きましょう。

> **例**「ケース会議の結果、複数の保育者で『話を聞く』『悪いことをしたら叱る』『遊び相手になる』ことを役割分担して援助した。年長になると、保育者を信頼し心を開いて、午睡でおびえることもなくなった。」

（★該当する10の姿：ア、オ）

3 援助と子どもの姿を正しく伝える

保育者との信頼関係をどのように築いていたのか、また、子どもの遊ぶ姿、友だちとの交流の状況をより具体的に書くことで、「10の姿」につながる立体的な記述になります。

> **例**「よく話を聞く保育者と、仲よしの友だちに対しては笑顔を見せ、好きなアニメの話をするなど、警戒心を解きつつある。」
> 「年長になり園生活に慣れてくると、異年齢児との交流では年下の子と手をつないで面倒をみる姿があった。」

（★該当する10の姿：エ、オ、ケ）

4 認識が違うと混乱するもと

小学校との認識の違いの原因となるので、できるだけ「見えないこと」、「見通しの持てないこと」等の抽象的な表現はやめて、具体的で分かりやすい例を示しましょう。

> **例**「友だちの気持ちを考えたり、チームで協同制作する際の自分の役割が理解できないときなど、戸惑う姿も見られたが、〜」

（★該当する10の姿：ウ、エ）

5 最重要事項以外の記述も

育児放棄に関すること以外の、本児の成長と援助の記述が少ないようです。限られたスペースですが、書き留めるようにしましょう。

> **例**「ひな祭りのとき、初めて見るおひなさまに目を見張っていた。『きれい！』と保育者に話しかけ、普段は得意ではない絵画あそびでは、一生懸命に人形を描き、ごっこあそびなどに発展させている。」
> 「大勢の人の前に出るのは、緊張してしまい好きではなかったが、生活発表会では歌を歌い切り、自分の力を発揮できたことに自信を持ち、クラスでの活動にも意欲的になった。」

（★該当する10の姿：オ、コ）

保育者が伝えたいこと

由美香ちゃんのように、育児放棄が疑われる子どもの場合、小学校の担任もその対応に困ると思います。園と小学校、児童相談所等との、より密接で細やかな連携が大切です。プライバシーに配慮し、情緒面での安定など子ども本人の成長に関わることを中心に、本児の育ちや長所を具体的な事例でまとめ、小学校に伝えたいと思います。

総合評価 ★★★☆

育児放棄や虐待はプライバシーの問題や園の関わり方など、十分に配慮した表現が必要です。伝えることと、客観的事実が少し混同している点があるので注意しましょう。

記入例 11 食べ物の好き嫌いが激しい子

[モデル（真帆）のデータ]
2歳のときに両親が離婚。父親(32歳)と小学3年生の姉と3人で暮らしている。ご飯、パンなどの主食は好んで食べるが、野菜や肉が嫌い。

ふりがな	○□まほ	保育の過程と子どもの育ちに関する事項	最終年度に至るまでの育ちに関する事項
氏名	○□ 真帆	（最終年度の重点） 身近な自然や環境に興味を持ち、あそびに取り入れる。	2歳児クラスから入園。今年で小学校3年になる姉と父親の3人家族。2歳のときに両親が離婚し、母親とは別居している。入園当初から食べ物の好き嫌いが激しく、ご飯、パン、卵料理は食べるが、野菜、肉・魚類はほとんど食べなかった。身長がやや低く、やせ気味ではあるが、健康診断では発育に特に問題はなかった。家庭では寝る時間が夜11時を過ぎることがほとんどとのことで、お昼寝の時間は最後まで起きないほど熟睡している。**父親の帰りが夜遅いため、夜更かしの改善が難しい。❻** 外あそびよりも絵を描いたり、本を読んだりして過ごすのが好きだが、年長になって鉄棒が好きになり、外あそびに関心を示している。
生年月日	○×年△月□日生		
性別	女	（個人の重点） 自分の意見を友だちや先生に伝える。	
ねらい （発達を捉える視点）			
健康	明るく伸び伸びと行動し、充実感を味わう。 自分の体を十分に動かし、進んで運動しようとする。 健康、安全な生活に必要な習慣や態度を身に付け、見通しをもって行動する。	（保育の展開と子どもの育ち） ・**食べ物の好き嫌いが激しいが、父親と相談し、家庭と連携することで、徐々に改善が見られ、嫌いな野菜も少し食べられるようになった。❶** ・外あそびにはほとんど関心を示さなかったが、**鉄棒の逆上がりには意欲的に挑戦していた。❷** 何度も挑戦し、手にマメを作ってもまたやって、とうとうコツを見つけてできるようになった。 ・**友だちとは特に問題なく遊んでいる。❸** ・収穫の喜びを体験することで食に関心を持つようになればと思い、園で栽培したトマトの水やりなどを一緒に行った。トマトが食べられるようになることはなかったが、収穫したトマトが赤く色づいたのを見て「きれいな色だね」と喜んでいた。 ・自分の意見や気持ちをうまく言葉にして表すことが苦手。**年長になってもまだ言えずに終わってしまうことが多く、今後の課題である。❹** ・お気に入りの絵本を何度も読み返し、暗唱できるようになった。「先生に読んで聞かせて」と言うと、うれしそうに情感をこめて読んでくれた。 ・絵を描くことが好きで、好きな動物やお菓子などをクレヨンで色彩豊かに描く。 （特に配慮すべき事項） **時々お腹が痛くなることがある。❺**	
人間関係	保育所の生活を楽しみ、自分の力で行動することの充実感を味わう。 身近な人と親しみ、関わりを深め、工夫したり、協力したりして一緒に活動する楽しさを味わい、愛情や信頼感をもつ。 社会生活における望ましい習慣や態度を身に付ける。		幼児期の終わりまでに育ってほしい姿（10の姿）
環境	身近な環境に親しみ、自然と触れ合う中で様々な事象に興味や関心をもつ。 身近な環境に自分から関わり、発見を楽しんだり、考えたりし、それを生活に取り入れようとする。 身近な事象を見たり、考えたり、扱ったりする中で、物の性質や数量、文字などに対する感覚を豊かにする。		ア，健康な心と体
			イ，自立心
			ウ，協同性
			エ，道徳性・規範意識の芽生え
言葉	自分の気持ちを言葉で表現する楽しさを味わう。 人の言葉や話などをよく聞き、自分の経験したことや考えたことを話し、伝え合う喜びを味わう。 日常生活に必要な言葉が分かるようになるとともに、絵本や物語などに親しみ、言葉に対する感覚を豊かにし、保育士等や友達と心を通わせる。		オ，社会生活との関わり
			カ，思考力の芽生え
			キ，自然との関わり・生命尊重
			ク，数量や図形、標識や文字などへの関心・感覚
表現	いろいろなものの美しさなどに対する豊かな感性をもつ。 感じたことや考えたことを自分なりに表現して楽しむ。 生活の中でイメージを豊かにし、様々な表現を楽しむ。		ケ，言葉による伝え合い
			コ，豊かな感性と表現

114

① 食生活の改善は家庭との連携が必須

家庭と対処について相談したことや、連携して対応したこと、子どもの変化について、もう少し詳しく書きましょう。

> **例**「食べ物の好き嫌いに関しては、父親と相談して園では無理に食べさせることはせず、家庭で味つけや切り方を工夫することにした。その後、マヨネーズをたっぷりつけることで、苦手だったレタスがほんの少し食べられるようになったことを、保育者にうれしそうに報告してくれた。」

（★該当する10の姿：ア、イ）

② 意欲的になったきっかけは？

意欲的になったきっかけや、それにまつわる友だちとの関係もあれば記述し、「健康」や「人間関係」の項目のそばに書くようにします。

> **例**「外あそびにはほとんど関心を示さなかったが、年長クラスの夏休み明けに親しい友だちが鉄棒の逆上がりができるようになったことがきっかけとなり、本児も意欲的に挑戦するようになった。」

（★該当する10の姿：ア、ウ）

③ 友だちとの関わり方を記述しよう

友だち関係に特に問題がなくても、クラスの中の立場や他児との関わり方について書くようにしましょう。

> **例**「あそびの中心になるタイプではないが、相手の気持ちを思いやることができ、友だちが泣いていると声をかけてあげたり、やさしく接している。」

（★該当する10の姿：ウ、エ、オ）

④ 「まだ」の表現は×

「まだ」という表現は避けましょう。年齢にとらわれることなく、その子なりの発育と援助を書きます。

> **例**「自分の意見や気持ちを、少しずつでもみんなに言ってみようね、とうながすことで、年長クラスになってからは、言葉に出せる機会も出てきた。」

（★該当する10の姿：オ、カ、ケ）

⑤ 腹痛の症状や対処なども

しょっちゅう腹痛を起こす場合、その頻度やどのように対処したのかも記述しておくとよいでしょう。

> **例**「年中の頃から冬に2～3回、朝からお腹が痛いと訴えることがあった。冷えが原因のようで、お腹に毛布をかけてしばらく安静にしていると治った。」

⑥ 生活習慣と家庭の事情との関係は慎重に

子どもの生活習慣について、保護者に原因があると断定する書き方は避けましょう。

> **例**「夜更かししていることが原因と思われるが、父親の帰りが夜遅いため、やむを得ない部分もある。」

保育者が伝えたいこと

両親が離婚し、父親と姉の3人で暮らす真帆ちゃん。お絵描きと絵本を読むのが好きで、最近は外あそびにも関心を示すようになり、鉄棒の逆上がりに何度も挑戦してできるようになったがんばりやさん。入園当初激しかった偏食もお父さんの努力で少しずつ改善しつつあります。今後、自分の意見を言葉に出せるようになることを願います。

総合評価 ★★☆☆

食べ物の好き嫌いに関しての対応については家庭との連携など詳しく書かれていてよいですが、友だちとの関わり方についての記述が少なく、園での本児の姿を表すには、もう一息です。友だちとの関わりは10の姿の幅広く項目に該当しますので、エピソードを交えて記述するようにしましょう。

記入例 12 活発で運動が得意な元気な子

[モデル(一輝)のデータ]
父親(40歳)、母親(40歳)と小学3年生の姉、小学1年生の兄、本児の5人家族。近所に住む祖父母にもかわいがられ、伸び伸びと育っている。運動が得意で何事にも意欲的だが、気の強い面がある。

ふりがな	○□かずき	保育の過程と子どもの育ちに関する事項	最終年度に至るまでの育ちに関する事項
氏名	○□ 一輝	(最終年度の重点) 友だちとやり方やルールを教え合いながら、体を動かして遊ぶ。	3歳から入園。今年小学1年生になる兄と小学3年生の姉との3人兄弟。母親は専業主婦で父親は会社員。祖父母は近所に住んでおり、❹家族みんなにかわいがられて伸び伸びと育っている。食事も好き嫌いがなく、入園当初から給食をよく食べ、おかわりをすることもある。かけっこ、鉄棒、縄跳びなど運動は何でも得意である。体も大きいので力が強く、乱暴な面がある。❺活発で明るい性格だが、自分の思うようにならないとがまんできないところがあり、集団あそびで他の児童がミスをすると、責め立てる姿も見られた。年長クラスになり、年齢の小さい子の面倒をみる機会が増えたことで、相手を思いやる気持ちが出てきた。
生年月日	○×年△月□日生		
性別	男	(個人の重点) 相手の気持ちを思いやって行動する。	
ねらい (発達を捉える視点)			
健康	明るく伸び伸びと行動し、充実感を味わう。 自分の体を十分に動かし、進んで運動しようとする。 健康、安全な生活に必要な習慣や態度を身に付け、見通しをもって行動する。	(保育の展開と子どもの育ち) ・体を動かすことが大好きで、園庭ではじっとしていることなく、常に何か運動をしている。運動能力も高く、縄跳びではさまざまな跳び方にチャレンジするなど意欲的である。反面、室内でじっと話を聞くということが苦手である。❶ ・ドッジボールでは常にボールを支配したがるなど、集団ゲームではいつも自分が中心になりたがる面があった。他児からは「一輝くんばっかり」と不満も出ていた。時々、審判になってもらったり、他の友だちにアドバイスをする役をお願いしたりして、本人の力を生かす場面を作るようにした。 ・父親が生物に詳しく、その影響もあって、家で魚やカブトムシ、ダンゴムシ、鳥などを飼育し、世話をしている。特に昆虫が好きで詳しい。 ・グループで作品を作る際、自己主張が強く「絶対○○じゃなきゃやだ！」と我をとおそうとすることがあった。「困ったなぁ、どうしようか？」と何日かけて気持ちの変化を待つこともあった。「あのときは一輝くんの思い通りにしたけど、今回は○○ちゃんね！」とアドバイスし、少しでも受け入れたときはお互いに"ありがとう"と伝えることを教えた。❷	
人間関係	保育所の生活を楽しみ、自分の力で行動することの充実感を味わう。 身近な人と親しみ、関わりを深め、工夫したり、協力したりして一緒に活動する楽しさを味わい、愛情や信頼感をもつ。 社会生活における望ましい習慣や態度を身に付ける。		
環境	身近な環境に親しみ、自然と触れ合う中で様々な事象に興味や関心をもつ。 身近な環境に自分から関わり、発見を楽しんだり、考えたりし、それを生活に取り入れようとする。 身近な事象を見たり、考えたり、扱ったりする中で、物の性質や数量、文字などに対する感覚を豊かにする。		幼児期の終わりまでに育ってほしい姿(10の姿)
言葉	自分の気持ちを言葉で表現する楽しさを味わう。 人の言葉や話などをよく聞き、自分の経験したことや考えたことを話し、伝え合う喜びを味わう。 日常生活に必要な言葉が分かるようになるとともに、絵本や物語などに親しみ、言葉に対する感覚を豊かにし、保育士等や友達と心を通わせる。		ア，健康な心と体
			イ，自立心
			ウ，協同性
			エ，道徳性・規範意識の芽生え
			オ，社会生活との関わり
			カ，思考力の芽生え
			キ，自然との関わり・生命尊重
表現	いろいろなものの美しさなどに対する豊かな感性をもつ。 感じたことや考えたことを自分なりに表現して楽しむ。 生活の中でイメージを豊かにし、様々な表現を楽しむ。	(特に配慮すべき事項) 健康診断で特に問題はない。❸	ク，数量や図形、標識や文字などへの関心・感覚
			ケ，言葉による伝え合い
			コ，豊かな感性と表現

❶ 元気な面だけでなく、発達していく姿を伝える

心と体の健康に関する子どもの発達の姿・自己発揮できるようになったきっかけ・発達を支えるためにしてきた保育者の援助・今後につなげる課題を整理して記載しましょう。

> **例**
> 「入園当初から体を動かすことが大好きで、園庭では常に運動をしている姿が見られた。運動能力も高く、縄跳びでは保育者がさまざまな跳び方を教えると、喜んで新しい技にチャレンジしていた。早く外で遊びたい気持ちから、室内でじっと話を聞くことにがまんできないこともあったが、年長クラスになってからは気持ちの切り替えができるようになってきている。」

（★該当する10の姿：ア、イ、エ、カ）

❷ 援助の「成果」まで記す

保育者の援助による成果は、なかなか表面に現れないこともありますが、その兆しだけでもとらえて書くようにしましょう。

> **例**
> 「『あのときは一輝くんの思い通りにしたけど、今回は○○ちゃんね！』とアドバイスし、少しでも受け入れたときはお互いに"ありがとう"と伝えることを教えることで、相手の思いに気づくようになってきた。」
> 「お互いが譲らないとき、一輝くんだったらどうしてほしい？」と聞くと、「どうぞって言ってほしい」との返事。その気持ちはお互いさまで、どっちが先に「どうぞ」って言えるかなんだよ、と伝えると、「ぼくできる！」と譲り合うことの大切さをわかってくれた。」

（★該当する10の姿：ウ、エ、オ、ケ）

❸ 特に配慮が必要ない場合は

厚生労働省の示した「保育所保育要録の様式の参考例」には、「特に配慮すべき事項」について、「特記すべき事項がある場合に記入すること」とあります。したがって、特記事項がない場合は、特に記入することはないでしょう。

❹ 両親の状況よりも全体が大切

家庭環境については保育者の援助や子どもの育ちに直接関わる場合は記述しますが、特に関連がないことは書く必要はありません。

> **例**
> 「今年小学1年生になる兄と小学3年生の姉との3人兄弟。祖父母は近所に住んでおり…」

❺ マイナス面は断定的に書かない

「乱暴な面がある」など、子どものマイナス面を断定的に書かず、具体的な事例と対処について記述しましょう。

> **例**
> 「体も大きいので力が強く、友だちと言い争いになるとつい手が出てしまうことがあるが、保育者がすぐに介入することで、乱暴はいけないことを徐々に学びつつある。」

保育者が伝えたいこと
ご両親と兄姉、祖父母にかわいがられ、伸び伸びと成長している一輝くん。体を使って遊ぶことが大好きで、運動能力が高く、冬でも半袖スタイルで元気に走りまわっています。ドッジボールなどの集団あそびでは常に自分がボールを持ちたがり、友だちとトラブルになることがたびたびありましたが、年長になり、相手の気持ちを思いやることができるようになりました。

総合評価 ★★★☆

大きな問題はなく、元気に育っている一輝くんですが、能力が高い分、友だちに強くあたってしまうこともあるようです。相手の気持ちを思いやることをていねいに伝える保育者の姿が浮かびます。

記入例 13　排泄をがまんしがちな子

[モデル（遥）のデータ]
小学5年生の兄と2人きょうだい。生まれたときから両親とは同居しておらず、母方の祖父母と暮らしている。口数が少なく、トイレをがまんして洋服を汚してしまうことがある。

ふりがな	○□はるか	保育の過程と子どもの育ちに関する事項	最終年度に至るまでの育ちに関する事項
氏名	○□ 遥	（最終年度の重点） お互いのよさを認め合いながら、主体性をもってあそびに取り組む。	4歳児より入園。今年小学校5年生になる兄と2人きょうだい。❷事情により、祖父母と4人で暮らしている。❸性格はおとなしく、あそびでもグループの中心になるというよりは、他児の様子をうかがいながら遊ぶほうである。❹運動は好きで、スイミングスクールに通っており、特に水泳が得意。ねんどあそびなど好きなことをするときの集中力が高く、夢中になると周囲の状況を気にせずに一人で続けている。「時計の針が○になったら終ろうね」と声をかけ、見通しを立てて行えるようにうながすようにしている。入園時より排泄をがまんしがちで、トイレに行く直前でパンツを汚してしまうことがあった。❺周囲に気づかれないように着替えるなどの配慮をした。
生年月日	○×年△月□日生		
性別	女	（個人の重点） リラックスして楽しくすごす。	
ねらい（発達を捉える視点）			
健康	明るく伸び伸びと行動し、充実感を味わう。 自分の体を十分に動かし、進んで運動しようとする。 健康、安全な生活に必要な習慣や態度を身に付け、見通しをもって行動する。	（保育の展開と子どもの育ち） ・❶排泄については、あそびに夢中になると中断することにふんぎりがつけられないようで、様子をうかがい、もじもじし始めたら「行ってくれば？」とやさしく声をかけるようにした。失敗したときも責めずに、うまくいったときにほめるようにした。❶ ・食事や着替えなどは自立している。 ・普段は気が弱く目立たないが、年長クラスの夏のプールの時間に泳いでみせたことで、友だちにほめられ、自信につながったようである。友だちに水中ジャンケンを自分から誘い、一緒に遊ぶ楽しさを共有していた。現在は集団の中でも少しずつ自分の意見を言えるようになってきている。 ・❷草花を使って遊ぶのが好きで、公園に行くとさまざまなあそびを行っていた。❷ ・クラスで意見を聞かれたり、発言を求められたりしても、なかなか言葉を発しなかったり、もじもじしてしまうことがあったが、好きな友だちと同じ少人数のグループなら、小さい声ながらも発言するようになった。 ・仲よしの友だちと一緒であれば、歌や踊りを楽しんで行う。友だちと声を合わせて歌って楽しむことを好み、また、年長での発表会では、好きな友だちの隣で、ダンスをリズムに合わせて楽しそうにやっていた。	
人間関係	保育所の生活を楽しみ、自分の力で行動することの充実感を味わう。 身近な人と親しみ、関わりを深め、工夫したり、協力したりして一緒に活動する楽しさを味わい、愛情や信頼感をもつ。 社会生活における望ましい習慣や態度を身に付ける。		幼児期の終わりまでに育ってほしい姿（10の姿）
環境	身近な環境に親しみ、自然と触れ合う中で様々な事象に興味や関心をもつ。 身近な環境に自分から関わり、発見を楽しんだり、考えたりし、それを生活に取り入れようとする。 身近な事象を見たり、考えたり、扱ったりする中で、物の性質や数量、文字などに対する感覚を豊かにする。		ア，健康な心と体
			イ，自立心
			ウ，協同性
言葉	自分の気持ちを言葉で表現する楽しさを味わう。 人の言葉や話などをよく聞き、自分の経験したことや考えたことを話し、伝え合う喜びを味わう。 日常生活に必要な言葉が分かるようになるとともに、絵本や物語などに親しみ、言葉に対する感覚を豊かにし、保育士等や友達と心を通わせる。		エ，道徳性・規範意識の芽生え
			オ，社会生活との関わり
			カ，思考力の芽生え
			キ，自然との関わり・生命尊重
表現	いろいろなものの美しさなどに対する豊かな感性をもつ。 感じたことや考えたことを自分なりに表現して楽しむ。 生活の中でイメージを豊かにし、様々な表現を楽しむ。		ク，数量や図形、標識や文字などへの関心・感覚
			ケ，言葉による伝え合い
		（特に配慮すべき事項） 冬は皮膚が乾燥し、かゆみを訴えることがあった。弱いかゆみどめで対応した。	コ，豊かな感性と表現

❶ 援助の結果と今の状況を正しく伝える

保育者の援助により、子どもが現在どのような様子かについても書きましょう。小学校の担任が知りたいのは、どのように対処すればよいかなのです。

> 例：「失敗したときも責めずに、うまくいったときにほめるようにした。現在も時々あるが、回数は以前に比べて減ってきている。間に合わずにそそうをしても、そっと一緒にトイレに行って着替えさせた。『手を上げて先生を呼んでいいよ』と話すと、徐々に手を上げてサインを送るようになった。」

（★該当する10の姿：ア、イ、ケ）

❷ あそびを詳しく書く

具体的にどのように遊んでいたのかを加えましょう。

> 例：「草花を使って遊ぶのが好きで、公園に散歩に行くとタンポポの綿毛を探して飛ばしたり、ネコジャラシのふさを触って感触を楽しんだりしていた。」

（★該当する10の姿：キ）

❸ プライバシーに配慮して加える

子どもの育ちに直接関わる家庭環境については、保育者の分かる範囲で状況を記述します。

> 例：「出生時から母方の祖父母と兄の4人で暮らしている。子どもは親がいないことには気づいているが、祖父母に十分に愛されており、また祖父母も孫がいることが元気の源と言って大事にしているので健やかに育っている。」

❹ 入園時から現在までの子どもの変化を詳しく

入園時から年長までの間に、子どもの様子がどのように変化したかを、もう少し詳しく書きましょう。

> 例：「性格はおとなしく、入園時は人見知りもあってなかなかあそびの輪に入っていけなかったが、年長クラスになり、好きな友だちに誘われて少しずつ友だちの輪が広がっている。」

❺ 家庭での様子を書くと伝わりやすい

保護者に確認していれば、家庭での様子についても追加しましょう。

> 例：「…汚してしまうことがあった。保護者にうかがったところ、家庭でも時々あるようだが、就寝中はだいじょうぶとのことであった。友だちに気づかれないように着替えるなどの配慮をした。」

ポイント！ 保育者の関わりを書こう！

どんな子どもでも保育者との関わりにより、成長・発達を見せます。その過程と成長する姿を、積極的に伝えることが小学校での教育に役立ちます。保育者の関わりの重要性を再認識し、具体的な援助について記しましょう。

保育者が伝えたいこと

お家の事情で両親と離れ、祖父母と一緒に暮らす遙ちゃん。入園時からおとなしく、自分のしたいことを口に出していうことはめったにありませんでしたが、年長クラスになり、少しずつ、自分の意見を言えるようになってきました。排泄を直前までがまんして、洋服を汚してしまうこともありますが、徐々に回数は減ってきています。

総合評価 ★★☆☆

生活面について、保護者とどのように話し合い、進めていったのか、家庭での状況はどうなのかなどについて、もう少し詳しく書かれているとよいでしょう。自然や歌など子どもの好きなことについて書くところは姿が目に浮かぶように記述しましょう。

第4章 保育要録実例集 記入例13

記入例 14 明るくリーダー的な子

[モデル（陸）のデータ]
父親（31歳）、母親（27歳）、小学3年生の兄、1歳の妹、本児の5人家族。兄が大好きで、自分も兄のようになりたいとあこがれている。

ふりがな	○□ りく	保育の過程と子どもの育ちに関する事項	最終年度に至るまでの育ちに関する事項
氏名	○□ 陸	（最終年度の重点） 仲間との体験をとおして、感動や達成感を共有する。	0歳児から入園。園生活が長いこともあり、園でのルールや生活の流れをよく理解している。両親と今年小学3年生になる兄、1歳になる妹がいる。兄のことがとても好きで、小学校に入ったら自分も兄の野球チームに入ることを今から楽しみにしている。3歳のとき、両親が仕事でお迎えが一番最後になり、窓から離れず、寂しそうにしていることがあった。「お母さん、大変だね。今頃保育園へ向かっているよ」と話しかけると「お兄ちゃんもがんばっているからぼくも泣かないでがんばる」と気丈なところを見せていた。❺ 体格がよく、好き嫌いもほとんどなく、野菜もよく食べる。キュウリだけは苦手。
生年月日	○×年△月□日生		
性別	男	（個人の重点） 失敗を恐れず新しいことにチャレンジする。	
ねらい （発達を捉える視点）			
健康	明るく伸び伸びと行動し、充実感を味わう。 自分の体を十分に動かし、進んで運動しようとする。 健康、安全な生活に必要な習慣や態度を身に付け、見通しをもって行動する。	（保育の展開と子どもの育ち） ・運動が好きで、特に縄跳びが得意。二重跳びや交差跳びなどに挑戦している。 ・保育者の話をよく聞いて理解し、当番活動なども積極的に行う。生活習慣も自立している。	
人間関係	保育所の生活を楽しみ、自分の力で行動することの充実感を味わう。 身近な人と親しみ、関わりを深め、工夫したり、協力したりして一緒に活動する楽しさを味わい、愛情や信頼感をもつ。 社会生活における望ましい習慣や態度を身に付ける。	・友だちの役に立っているという自信が情緒の面でも安定につながっている。❶ ・リーダー的な存在で、クラスのムードメーカー。明るく運動が得意で、クラスの友だちの中でもあこがれられている。❷ ・友だちのトラブルにも、本児が入るとよいアイデアをくれて解決することもあり、ムードが変わっていい雰囲気になることがある。	
環境	身近な環境に親しみ、自然と触れ合う中で様々な事象に興味や関心をもつ。 身近な環境に自分から関わり、発見を楽しんだり、考えたりし、それを生活に取り入れようとする。 身近な事象を見たり、考えたり、扱ったりする中で、物の性質や数量、文字などに対する感覚を豊かにする。	・あそびの最中に言い合いなどが起こると、うまく話ができない友だちの代弁をするなど、面倒みのいいところを見せるときもあるが、時々悪ふざけがすぎて、クラス中が大騒ぎになってしまうこともあるが、最近は少しずつだが落ち着きも出てきている。❸	幼児期の終わりまでに育ってほしい姿（10の姿）
言葉	自分の気持ちを言葉で表現する楽しさを味わう。 人の言葉や話などをよく聞き、自分の経験したことや考えたことを話し、伝え合う喜びを味わう。 日常生活に必要な言葉が分かるようになるとともに、絵本や物語などに親しみ、言葉に対する感覚を豊かにし、保育士等や友達と心を通わせる。	・当番活動の中で、同じグループの子の人数を数えたり、教材や給食を配る姿が見られた。 ・新しく入園してきた子どもに自分から話しかけるなど、友だちとのコミュニケーションを積極的に行うことが得意である。	ア，健康な心と体
			イ，自立心
			ウ，協同性
			エ，道徳性・規範意識の芽生え
			オ，社会生活との関わり
			カ，思考力の芽生え
			キ，自然との関わり・生命尊重
表現	いろいろなものの美しさなどに対する豊かな感性をもつ。 感じたことや考えたことを自分なりに表現して楽しむ。 生活の中でイメージを豊かにし、様々な表現を楽しむ。	・工作が得意で、特にダンボールを使って作った迷路は非常に複雑なものを作り上げた。❹ （特に配慮すべき事項）	ク，数量や図形、標識や文字などへの関心・感覚
			ケ，言葉による伝え合い
			コ，豊かな感性と表現

❶ 記述の根拠となる子どもからのサインを明確に

どんな点からそのように感じたのか、子どもから発せられたサインについても書きましょう。

> **例**
> 「面倒みがよく、友だちに『ありがとう』と言われると、とてもうれしそうにしている姿があった。友だちの役に立っているという自信が情緒の面でも安定につながっている。」

（★該当する10の姿：イ、ウ、エ、オ、ケ）

❷ 多面的な発達の姿を見せると立体的になる

元気で明るい子どもの姿を、できるだけ多面的にとらえて記述しましょう。小学校の担任はよい面をもっと伸ばしてくれるはずです。

> **例**
> 「クラスの人気者であり、リーダーシップもある。運動会のリレーでも大活躍し、身体能力の高さも示した。」
> 「園庭のアスレチック遊具では、チーム別の対抗ゲームを考え出し、友だちと競い合って楽しむなど、みんなをまとめている姿が見られた。」

（★該当する10の姿：ア、ウ）

❸ 文章を簡潔に整理する

文章は一文で一つのことを書くようにしましょう。

> **例**
> 「あそびの最中に言い合いなどが起こると、うまく話ができない友だちの代弁をするなど、面倒みのいいところがある。」
> 「時々悪ふざけがすぎて、クラス中が大騒ぎになってしまうこともあるが、徐々に落ち着きも出てきている。」

（★該当する10の姿：エ、ケ）

❹ 結果だけでは、小学校に伝わらない

うまくいった結果だけでなく、試行錯誤した過程も取り上げ、その際にどんな様子であったか、また保育者としてどのように対応したかも書くとよいでしょう。

> **例**
> 「…作り上げた。制作の途中でダンボールをうまく貼りつけることができず、途中で投げ出しそうになったが、保育者がセロテープの使い方をアドバイスすると、やる気を取り戻して再度チャレンジしていた。」

（★該当する10の姿：イ、ク、コ）

❺ 具体的なエピソードもOK

「最終学年に至るまでの…」の項は、本児の園生活での状況を総合的に書くことも大切ですが、記述例のように、その子の性格や気質を表すようなエピソードがあれば、記載してもいいでしょう。

保育者が伝えたいこと

3人きょうだいの真ん中で、コミュニケーション能力が高い陸くん。友だち同士のケンカもうまく仲裁してくれたり、クラスのムードメーカーで、いつも大変助かっています。人気者なので、時々友だちとのおふざけがエスカレートして悪ふざけになることもありますが、リーダーとしての素質は十分。これからも伸び伸びと育っていってほしいと思います。

総合評価 ★★★☆

手のかからない明るい子の場合、無理に問題点を探す必要はありませんが、どんな子にも気持ちの迷いや試行錯誤はあります。うまくいった結果だけでなく、その過程も書くようにしましょう。10の姿に向かう様子が、具体的に浮かび上がります。

記入例 15 集団行動が苦手な子

[モデル（太一）のデータ]
2歳の弟と父親（40歳）、母親（32歳）、本児の4人暮らし。早くも漢字を覚え、数字にも関心がある。マイペースな性格。

ふりがな	○□たいち	保育の過程と子どもの育ちに関する事項	最終年度に至るまでの育ちに関する事項
氏名	○□ 太一	（最終年度の重点） 文字や標識、図形などに興味を持ち、探究心を高める。	1歳児から入園。両親と今年2歳になる弟の4人家族。年少クラスまでは集団行動に参加していたが、年中クラスになってから、クラスで一つのあそびをするときにやりたがらず、参加しないことが頻繁にあったが、❹ 保育者による声かけなどにより、徐々に参加するようになってきている。漢字や数字への関心が強く、知識は豊富で、保育者同士の話に入ってくることもあった。電車が好きで、鉄道の駅名と地名に非常に詳しく、休日に出かけた場所や乗った鉄道の話を聞くとうれしそうに話をしてくれる。年中頃から一人で遊んでいることが多く、友だちにあまり関心がない。❺ 友だちとの関わりを持てるようになることが課題であった。
生年月日	○×年△月□日生		
性別	男	（個人の重点） 友だちと協力し合う楽しさを味わう。	
ねらい（発達を捉える視点）			
健康	明るく伸び伸びと行動し、充実感を味わう。 自分の体を十分に動かし、進んで運動しようとする。 健康、安全な生活に必要な習慣や態度を身に付け、見通しをもって行動する。	（保育の展開と子どもの育ち） ・基本的な生活習慣はおおむね身についているが、マイペースで、食事もゆっくりと食べる。就学に向けて午睡をしない日も増えていったが、夕方になると眠くなってその場で寝てしまうこともあった。❶	
人間関係	保育所の生活を楽しみ、自分の力で行動することの充実感を味わう。 身近な人と親しみ、関わりを深め、工夫したり、協力したりして一緒に活動する楽しさを味わい、愛情や信頼感をもつ。 社会生活における望ましい習慣や態度を身に付ける。	・室内でブロックなどで一人あそびをすることが多いが、友だちに誘われることで、少しずつ屋外で鉄棒や上り棒などもするようになってきている。 ・集団行動が苦手で、運動会でも自分のしたくない練習には参加しようとしなかった。誘ってもかたくなに一人あそびを続けることがあった。❷	
環境	身近な環境に親しみ、自然と触れ合う中で様々な事象に興味や関心をもつ。 身近な環境に自分から関わり、発見を楽しんだり、考えたりし、それを生活に取り入れようとする。 身近な事象を見たり、考えたり、扱ったりする中で、物の性質や数量、文字などに対する感覚を豊かにする。	・クラスでは、積極的に意見を言うが、受け入れてもらえないときにふてくされてへそを曲げてしまうことがたびたびあった。❸ ・保育者との会話では、少々理屈っぽいところはあるが、物事を順序立てて話すことができる。	幼児期の終わりまでに育ってほしい姿（10の姿）
言葉	自分の気持ちを言葉で表現する楽しさを味わう。 人の言葉や話などをよく聞き、自分の経験したことや考えたことを話し、伝え合う喜びを味わう。 日常生活に必要な言葉が分かるようになるとともに、絵本や物語などに親しみ、言葉に対する感覚を豊かにし、保育士等や友達と心を通わせる。	・数を数えるのが好きで、グループのメンバーの数を報告するなど、率先して行う。 ・漢字の読み書きが、いくつかすでにできている。画数の多い漢字をブロックのように分解して組み合わせ、覚えるのが好き。 ・簡単な曲の音階を理解し、木琴やハンドベル、ピアニカも楽しんだ。	ア，健康な心と体 イ，自立心 ウ，協同性 エ，道徳性・規範意識の芽生え オ，社会生活との関わり カ，思考力の芽生え キ，自然との関わり・生命尊重 ク，数量や図形、標識や文字などへの関心・感覚 ケ，言葉による伝え合い コ，豊かな感性と表現
表現	いろいろなものの美しさなどに対する豊かな感性をもつ。 感じたことや考えたことを自分なりに表現して楽しむ。 生活の中でイメージを豊かにし、様々な表現を楽しむ。	（特に配慮すべき事項） 皮膚が弱く、虫さされで大きく腫れるので、野外では虫除けスプレーをこまめに行った。	

1 事実と対応を示すこと

園としてどのように対応したかも書きましょう。

> **例**
> 「…一人でその場で寝てしまうこともあった。保育時間も長く、早朝から登園していることも考慮し、短時間の仮眠を取るようにして情緒の安定につなげた。」

（★該当する10の姿：ア）

2 集団行動に参加するまでの援助を具体的に記す

小学校の担任が望むことの一つに「集団行動ができる」があります。保育者が行った働きかけは、担任への大きな情報になります。

> **例**
> 「…一人あそびを続けていたことがあった。叱ることはせず、『みんなで力を合わせて一つのことをすると、すごく楽しいんだよ』と、協力し合うことの喜びと楽しさを伝えることで、集団でのあそびに徐々に関心を示し、参加するようになってきている。」

（★該当する10の姿：ウ、オ、ケ）

3 今後の課題に結びつける

うまくいかなかったことは、できなかったと記述するだけで終わらせずに、保育者が行ったアドバイスや今後の課題に結びつけるようにしましょう。

> **例**
> 「…たびたびあった。本児の意見に理解を示した上で『〇ちゃんのやり方も悪くないと思うから、やってみようよ』と相手の意見にも理解を示すよううながした。自分と違う意見をどう受け入れていくかが、今後の課題である。」

（★該当する10の姿：ウ、エ、ケ）

4 育ちの認識を共有し合うことが大切

保護者と保育者で、子どもの育ちに関する認識が異なる場合があります。家庭での様子についても保護者に聞き、書いておきましょう。

> **例**
> 「……やりたがらず、参加しないことが頻繁にあったが、保護者に伝えたところ、心配した様子であった。家庭では時々弟とケンカはするものの、手がかからず、特に問題なく過ごしているとのことであった。」

5 事実と保育者の見解ははっきり分ける

事実と保育者の意見を混在させると、どこまでが事実で、どこからが保育者の意見なのかがはっきりしないので、区別できるように分けて書きましょう。

> **例**
> 「一人で遊んでいることが多く、友だちに関心がないように見受けられた。しかし、時々友だちのしていることをじっと眺めていることもあった。」

ポイント！ 園の保育理念を盛り込む

園全体の集団行動には、その園の特徴が表れます。音楽や絵画などの芸術活動、異年齢の子どもとの関わりなど、園で特に力を入れて取り組んでいることについて紹介し、それに関連する子どもの育ちを紹介するのもよいでしょう。どのような保育理念のもとで行われているのかや、保育者として工夫したことなどを記述するようにします。

保育者が伝えたいこと

太一くんはお母さんが非常に教育熱心で、その影響もあり、早くから漢字の読み書きができています。知識が豊富で、特に電車についてはおとな顔負けの知識を持っています。一人でブロックあそびなどに熱中することが好きで、集団での行動が苦手ですが、園での生活をとおして友だちと協力して一つのことを行うことの喜びを少しずつ実感しつつあります。

総合評価 ★★☆☆

保護者から見た子どもの姿と保育者から見た姿に隔たりがないように、保護者とあらかじめ認識を共有し合うことが大切です。また、事実と保育者の判断は分けて記述するようにしましょう。

記入例 16 自己主張が少ない子

[モデル（優奈）のデータ]

父親（34歳）と母親（36歳）、本児の3人暮らし。甘えん坊でお母さんが大好き。おっとりしており、友だちにイヤと言えないやさしい性格。

ふりがな	○□ゆうな	保育の過程と子どもの育ちに関する事項	最終年度に至るまでの育ちに関する事項
氏名	○□ 優奈	（最終年度の重点） 身の回りの安全や危険に注意を払って行動する。	3歳児から入園。両親と3人暮らし。入園当初、朝、送りに来た母親となかなか離れることができず、離れた後もしばらく泣いていることが多かった。泣きやむまで保育者がだっこして安心させることで、次第に泣いている時間が減っていき、年長組になってからはほとんど泣かずに母親と別れることができるようになった。自己主張が少なくおだやかな性格で、友だちとケンカすることもほとんどない。幼い子が好きで、年下の子の面倒をよくみる。両親ともに忙しく、迎えの時間が遅い日がほとんどであるが、不満も言わず、静かに待っている。両親が迎えに来るとうれしそうな笑顔になる。
生年月日	○×年△月□日生		
性別	女	（個人の重点） 自分が思っていることを先生や友だちに話す。	
ねらい（発達を捉える視点）			
健康	明るく伸び伸びと行動し、充実感を味わう。 自分の体を十分に動かし、進んで運動しようとする。 健康、安全な生活に必要な習慣や態度を身に付け、見通しをもって行動する。	（保育の展開と子どもの育ち） ・時々、排泄を失敗してもらしてしまうことがあった。❶ 怖がりなところがあるので、一人でトイレに行くのが怖いのかもしれない。❷ ・外あそびでは上り棒が得意で、意欲的に取り組んでいる。❸	
人間関係	保育所の生活を楽しみ、自分の力で行動することの充実感を味わう。 身近な人と親しみ、関わりを深め、工夫したり、協力したりして一緒に活動する楽しさを味わい、愛情や信頼感をもつ。 社会生活における望ましい習慣や態度を身に付ける。	・発表会で主役のシンデレラに立候補して、保育者、園児ともに驚いた。❹ 他にも何人か立候補したので、ジャンケンで決めたところ負けてしまったが、後で「立候補してがんばったね」と話すと、うれしそうにしていた。 ・自信をつけてもらうために、幼い子の面倒をみたときや、友だちにやさしくしたときには思い切りほめてあげるようにした。❺ ・遊具の順番待ちなどで抜かされるなどしても、抜かした子に自分から「やめて」と言えず、友だちが代わりに怒るなどして、他児同士のケンカになったことがある。❻	幼児期の終わりまでに育ってほしい姿（10の姿）
環境	身近な環境に親しみ、自然と触れ合う中で様々な事象に興味や関心をもつ。 身近な環境に自分から関わり、発見を楽しんだり、考えたり、それを生活に取り入れようとする。 身近な事象を見たり、考えたり、扱ったりする中で、物の性質や数量、文字などに対する感覚を豊かにする。		ア，健康な心と体
			イ，自立心
			ウ，協同性
			エ，道徳性・規範意識の芽生え
			オ，社会生活との関わり
言葉	自分の気持ちを言葉で表現する楽しさを味わう。 人の言葉や話などをよく聞き、自分の経験したことや考えたことを話し、伝え合う喜びを味わう。 日常生活に必要な言葉が分かるようになるとともに、絵本や物語などに親しみ、言葉に対する感覚を豊かにし、保育士等や友達と心を通わせる。	・園庭やお散歩の途中で昆虫などを見つけるのが得意で、だんごむしなどを見つけて「丸くなってかわいい」と喜ぶなど、小さな生き物を慈しむ気持ちが育っている。 ・大勢の中で話すことが難しいようなので、2〜3人のグループに分かれ、今日楽しかったことなどを順番に話す時間を作ったところ、少しずつ話ができるようになった。	カ，思考力の芽生え
			キ，自然との関わり・生命尊重
			ク，数量や図形、標識や文字などへの関心・感覚
			ケ，言葉による伝え合い
表現	いろいろなものの美しさなどに対する豊かな感性をもつ。 感じたことや考えたことを自分なりに表現して楽しむ。 生活の中でイメージを豊かにし、様々な表現を楽しむ。	（特に配慮すべき事項）	コ，豊かな感性と表現

124

1 できること、できないことをまんべんなく記述する

身の回りのことは、できないことだけを書くのではなく、得意なことと併せて書くようにしましょう。

例「食事や着替えなどは自立しているが、時々排泄を失敗してもらしてしまうことがあった。」

（★該当する10の姿：ア）

2 憶測で書くのは×

「…かもしれない」というように、保育者の憶測で書かないようにしましょう。

例「以前、『トイレで一人になるのが怖いの』と言っていた。トイレの中にもついていってあげるようにしたところ、無事に排泄できた。」

（★該当する10の姿：ア、イ）

3 エピソードを交えて紹介する

得意なことを書くときはエピソードを交えましょう。

例「…意欲的に取り組んでいる。上り棒で誰が一番上まで行けるかの上り棒大会をしたときは、毎日一生懸命練習し、見事クラスで1番になった。」

（★該当する10の姿：ア、イ）

4 成長したことを書くには、成長前の姿も書く

園生活で子どもが成長したことは、ぜひ記述したいことです。成長した結果だけでなく、もとはどのようであったのかを書くことで成長がよく伝わります。

例「年中までは発表会などでは消極的で、役に立候補することなどなかったが、年長クラスになって思い切って主役のシンデレラに立候補した。」

（★該当する10の姿：ウ、オ、コ）

5 子どもを中心に考えよう

子ども主体の表現に変え、子どもの変化を伝えましょう。本児は決して自主性や主体性がないわけではありません。その育ちを記述しましょう。

例「異年齢児交流のとき、おどおどしている年下の子に話かけ、手をつないで遊んでいた。保育者にほめられるとうれしそうにしていた。自分が認められているという自信につながり、少しずつ自己主張ができるようになってきている。」

（★該当する10の姿：イ、ウ、エ、オ）

6 トラブルに対しての援助と子どもの様子を詳しく

ケンカなどのトラブルは、保育者の援助や子どもの気質、育ちがよく表れる場面です。どのような援助をしたのかや子どもの様子をなるべく詳しく書きましょう。

例「…ケンカになったことがある。しばらく泣いていたが、『優奈ちゃんは悪くないんだよ。順番を守らなかった○くんにごめんねしてもらおうね』と言って、○くんに謝るように伝えた。その後、○くんが謝りに来てくれると、泣きやんで『これからはしないでね』と自分で言えた。」

保育者が伝えたいこと

誰にでもやさしく、おっとりしている優奈ちゃん。最近ようやく、朝、泣かずにお母さんにバイバイできるようになりました。友だちに嫌なことをされても、「やめて」と言えないおとなしいタイプです。年下の子の面倒をよくみるなどしっかりした面もあり、小学校ではもう少し自信を持って、前に出てくるようになることを期待します。

総合評価 ★★☆☆

「（保育者が）～した」と、保育者が文章の主体になってしまいがちですが、保育者の援助により子どもがどのように育ったかといった子ども主体の文章になるように心がけましょう。

記入例 17 引っ込み思案でやさしい子

[モデル（そら）のデータ]
父親（28歳）と母親（28歳）と、本児の3人家族。生き物が好きで、園で飼育しているカメなどの世話を積極的に行う。

ふりがな	○□そら	保育の過程と子どもの育ちに関する事項	最終年度に至るまでの育ちに関する事項
氏名	○□ そら	（最終年度の重点） 思い切り笑い、楽しむことを友だちと共有し合いながら遊ぶ。	2歳児より入園。一人っ子で両親と3人暮らし。入園当初は、新しい環境、人に対して心を開くのに時間がかかる面が見られた。基本的な生活習慣はひと通り身についている。自宅で猫を飼っていることもあり、動物の扱いに慣れていて、小さな生き物を慈しむ気持ちが強い。年下の子の面倒もよくみてやさしいが、同年齢の子に対しては引っ込み思案で自己主張ができない。❺みんなの中で自分の意見を言うことは日常的に少ない。友だちに流されているのではないかと心配になることもあるが、周りの友だちのことは常に冷静に見ていて、友だちのケンカのときにはお互いの気持ちを代弁してくれることもあり、存在感が出ることもあった。
生年月日	○×年△月□日生		
性別	女	（個人の重点） 相手に自分の思いを伝え、楽しく遊ぶ。	
ねらい （発達を捉える視点）			
健康	明るく伸び伸びと行動し、充実感を味わう。 自分の体を十分に動かし、進んで運動しようとする。 健康、安全な生活に必要な習慣や態度を身に付け、見通しをもって行動する。	（保育の展開と子どもの育ち） ・体を動かすことが好きで運動神経もよい。高さに恐怖心を持っていたが、さまざまな経験の中で自信をつけてきた。❶ ・自分はこうしたいという気持ちはあるのだが、自信が持てず、なかなか自分からの発しが弱いところがあった。「どう思う」と投げかけると、初めはモジモジしているが、時間がたつにつれますます言えなくなることもあった。❷ ・保育園で飼っているカメや金魚に関心があり、世話も積極的に行っている。生き物の様子を観察するのも好きで、じっと見つめている姿も見られた。❸ ・意見を聞かれたり、発言を求められたりしても、なかなか言葉にして説明できないことが多かったが、保育体験を重ねる中で小さい声ながらも発言するようになった。❹ ・みんなで歌を歌ったり、踊ったりするのが照れくさいようで、歌の時間はつまらなそうにしていることが多かったが、楽器には興味を示し、熱心に曲の練習や合奏に励んでいた。 ・絵を描くのが好きで、特に具体的なテーマを出さずに好きなものを描く場合に、空想をふくらませて自由に伸び伸びと描くことを楽しむことができた。 （特に配慮すべき事項）	
人間関係	保育所の生活を楽しみ、自分の力で行動することの充実感を味わう。 身近な人と親しみ、関わりを深め、工夫したり、協力したりして一緒に活動する楽しさを味わい、愛情や信頼感をもつ。 社会生活における望ましい習慣や態度を身に付ける。		
環境	身近な環境に親しみ、自然と触れ合う中で様々な事象に興味や関心をもつ。 身近な環境に自分から関わり、発見を楽しんだり、考えたりし、それを生活に取り入れようとする。 身近な事象を見たり、考えたり、扱ったりする中で、物の性質や数量、文字などに対する感覚を豊かにする。		幼児期の終わりまでに育ってほしい姿（10の姿）
言葉	自分の気持ちを言葉で表現する楽しさを味わう。 人の言葉や話などをよく聞き、自分の経験したことや考えたことを話し、伝え合う喜びを味わう。 日常生活に必要な言葉が分かるようになるとともに、絵本や物語などに親しみ、言葉に対する感覚を豊かにし、保育士等や友達と心を通わせる。		ア，健康な心と体
			イ，自立心
			ウ，協同性
			エ，道徳性・規範意識の芽生え
			オ，社会生活との関わり
			カ，思考力の芽生え
			キ，自然との関わり・生命尊重
表現	いろいろなものの美しさなどに対する豊かな感性をもつ。 感じたことや考えたことを自分なりに表現して楽しむ。 生活の中でイメージを豊かにし、様々な表現を楽しむ。		ク，数量や図形、標識や文字などへの関心・感覚
			ケ，言葉による伝え合い
			コ，豊かな感性と表現

126

① 読み手が情景を浮かべられるように

「高さに恐怖心を持っていた」では、どのような状況で保育者がそう感じたのか、情景が浮かびません。

> **例**　「体を動かすことが好きで、特に鉄棒は毎日のように根気強く練習した。上り棒はその高さに恐怖心を持っていたが、無理をせず、少しずつ高いところまで上るように援助したところ、上りきれるようになり、自信につながった。」

（★該当する10の姿：ア、イ）

② 保育者の関わりを書く

子どもがうまくできなかったことは、保育者がそのときどのような援助をしたかもセットで書くようにしましょう。

> **例**　「…ますます言えなくなることもあった。グループに分けて5、6人で話す場面を設定したところ、少しずつ自分の思いを言えるようになってきた。」

（★該当する10の姿：ウ、オ、ケ）

③ 環境と子どもの関わりで育ちを表す

環境に親しみ、子どもがどう成長したかを示します。保育者と交えた会話の内容なども紹介し、子どもがどのように関心を持ったのかを具体的に伝えるようにしましょう。

> **例**　「…じっと見つめている姿も見られた。『金魚かわいいね』と話しかけると、仲よしの金魚とそうでない金魚がいることや、餌をいつも一番に食べる金魚はどれかなど、保育者も知らないことを教えてくれた。観察力に優れ、金魚の絵を上手に描き、友だちにほめられていた。」

（★該当する10の姿：キ、ケ、コ）

④ できるようになった体験について具体的に

育ちのきっかけとなった保育体験については、どんな内容であったのかや子どもの様子などについてなるべく具体的に書きましょう。

> **例**　「…なかなか言葉にして説明できなかったが、保育園最後のお楽しみ会では堂々と役を演じることができ、練習をとおして話すことの自信につながったようである。現在では、小さい声ながらも少しずつ発言をするようになってきている。」

（★該当する10の姿：イ、オ、ケ）

⑤ 「できない」の表現は×

できない、という表現は避けましょう。よい面ととらえることができれば、言い換えるようにします。

> **例**　「同年齢の子どもには引っ込み思案なところがあり、自分の思いを強く言わないことが多かった。」

保育者が伝えたいこと

生き物好きのそらちゃん。クラスで飼育している生き物の世話をいつも積極的に行ってくれました。年下の子どもの面倒をみるのも得意で、小さい子に愛情をもってやさしく接することができます。恥ずかしがりやで、もう少し自分の思っていることややりたいことを主張してもいいのに、と思う部分もありました。

総合評価 ★★☆☆

子どものよい面と課題となる面を両方書くわけですが、なるべく「よい面」に注目して書くようにしましょう。自己主張が弱いことは、裏を返せばやさしいこととつながります。

記入例 18 しっかり者で物を大切にする子

[モデル（隆弘）のデータ]
祖父母と父親（39歳）、母親（36歳）、小学3年生の姉、本児の6人家族。祖母の教えで、物を大切にする習慣が身についている。

ふりがな	○□ たかひろ	保育の過程と子どもの育ちに関する事項	最終年度に至るまでの育ちに関する事項
氏名	○□ 隆弘	（最終年度の重点） 助け合ったり、励まし合ったりしながら生活することを大切さを味わう。	3歳から入園。両親と祖父母、今年小学校3年になる姉の6人家族。生まれたときから両親が共働きのため、入園までは、日中、祖父母が面倒をみていた。祖父母にとてもかわいがられており、特に本人は祖母が大好きで、園での会話にもよく登場する。入園当初から、物おじせず、おとなにもしっかり話をすることができ、片づけや食事のマナーなど、生活習慣についてひと通り身についている。年中の頃から乱視のため眼鏡をかけているが、日常生活上特に問題はない。自分の意志や考えがしっかりしており、同年齢の他の児童を少し幼く感じることがあるせいか、言い合いなどのときに相手をばかにしたような言葉や態度を見せることも時々あった。❺
生年月日	○×年△月□日生		
性別	男	（個人の重点） 思いやりの気持ちを忘れずに行動する。	
ねらい （発達を捉える視点）			
健康	明るく伸び伸びと行動し、充実感を味わう。 自分の体を十分に動かし、進んで運動しようとする。 健康、安全な生活に必要な習慣や態度を身に付け、見通しをもって行動する。	（保育の展開と子どもの育ち） ・ルールのあるあそびでは鬼をやりたがったり、ドッジボールでは外野をやりたがったりすることが多く見られた。❶ ・自分の思いや、こうするべきだ、という考えがしっかりとある。クラスのみんなで一つのことに取り組むときには、自分の思いを押しとおそうとする頑固なところがあった。❷ ・園のおもちゃで、ほころんでいるぬいぐるみや壊れたおもちゃを見つけると、「かわいそうだから直してあげたい」と保育者に持ってくることが多かった。自宅で祖母から「物は大切にしなくてはいけない」と常々教えられているとのことだった。❸ ・物事を順序立てて話すことができる。話に起承転結があり、他児との言い合いになったときなど「どうしてそうなったの？」と聞くと、きちんと最初からの成り行きを話してくれる。 ・文字にも関心があり、声を出して絵本を読むのが好きである。 ・保育者と話をするのが好きで、休日の家庭での様子や、おもしろかったこと、気づいたことなどについて、よく話をしてくれる。 ・みんなで歌を歌ったり、踊ったりするのが照れくさいようで、歌の時間はつまらなそうにしていることが多かった。❹ （特に配慮すべき事項） 乱視のため矯正が必要と診断され、眼鏡をかけている。	
人間関係	保育所の生活を楽しみ、自分の力で行動することの充実感を味わう。 身近な人と親しみ、関わりを深め、工夫したり、協力したりして一緒に活動する楽しさを味わい、愛情や信頼感をもつ。 社会生活における望ましい習慣や態度を身に付ける。		
環境	身近な環境に親しみ、自然と触れ合う中で様々な事象に興味や関心をもつ。 身近な環境に自分から関わり、発見を楽しんだり、考えたりし、それを生活に取り入れようとする。 身近な事象を見たり、考えたり、扱ったりする中で、物の性質や数量、文字などに対する感覚を豊かにする。		幼児期の終わりまでに育ってほしい姿（10の姿）
言葉	自分の気持ちを言葉で表現する楽しさを味わう。 人の言葉や話などをよく聞き、自分の経験したことや考えたことを話し、伝え合う喜びを味わう。 日常生活に必要な言葉が分かるようになるとともに、絵本や物語などに親しみ、言葉に対する感覚を豊かにし、保育士等や友達と心を通わせる。		ア，健康な心と体
			イ，自立心
			ウ，協同性
			エ，道徳性・規範意識の芽生え
			オ，社会生活との関わり
			カ，思考力の芽生え
			キ，自然との関わり・生命尊重
表現	いろいろなものの美しさなどに対する豊かな感性をもつ。 感じたことや考えたことを自分なりに表現して楽しむ。 生活の中でイメージを豊かにし、様々な表現を楽しむ。		ク，数量や図形、標識や文字などへの関心・感覚
			ケ，言葉による伝え合い
			コ，豊かな感性と表現

128

① 行動の裏にある子どもの気持ちを読み取ろう

子どもがどんな行動をしたかだけでなく、その背後にある気持ちについても記述するようにします。

> 例：「…多く見られた。『鬼が好きなんだね』と尋ねると『みんなと違う役が好き。どうやったらたくさん捕まえられるかを考えるのも楽しい』とのことだった。」

（★該当する10の姿：ア、カ）

② 子どものイメージが固定されてしまうような表現は×

「頑固」など、子どものイメージが固定されてしまうような断定的な表現はしないようにしましょう。

> 例：「クラスのみんなで一つのことに取り組むときには、自分の思いを押しとおそうとする姿が見られたが、集団での活動を積み重ねる中で、徐々に相手の思いを聞こうとする姿も見られるようになってきている。」

（★該当する10の姿：ウ、エ、オ）

③ 生活を楽しむ姿を伝えよう

物を大切にする気持ちが芽生え、子どもの姿がひと回り大きく見えます。そんな育ちを伝えてください。

> 例：「保育者が『物を大切にしてすてきね』とほめると『大事にすると、物も喜ぶんだっておばあちゃんが言ってた』と話してくれた。お店屋さんごっこで、工作用具を並べて『修理工場だよ』と言って壊れたおもちゃを直そうとしている姿があった。」

（★該当する10の姿：エ、オ、コ）

④ サインを見逃さないように日々のチェックを

自分の感情を表に出すのを恥ずかしがる子どももいます。子どもの気持ちを表す小さなサインを見逃さないようにしましょう。

> 例：「…歌の時間はつまらなそうな顔をしていることもあったが、一人あそびをしている際に同じ歌を口ずさんでいる姿も見られ、歌うことは好きなようである。」

（★該当する10の姿：コ）

⑤ 小学校に子どもの可能性と援助を受け渡すつもりで

「こんなことがあった」で終わるのではなく、保育者が考える子どもの発達の可能性と援助を、小学校に受け渡すつもりで書きましょう。

> 例：「…言い合いなどのときに相手をばかにしたような言葉や態度を見せることもあった。保育者が相手の気持ちを考えることの大切さを伝え、年長になってからは言葉遣いに変化が出てきている。」

保育者が伝えたいこと

あいさつがきちんとでき、生活習慣がひと通り身についている隆弘くん。物を大切にし、工作の時間も紙やセロテープをむだに使うことはありません。4月生まれなこともあり、同年齢の子どもより少しおとなっぽいところがあります。しっかりしている反面、時々ふざけ半分に友だちをばかにする姿もありました。しっかり者の姿を伝えたいと思います。

総合評価 ★★★☆

保育者が本児をよく見ていることが伝わってきます。さらに、表面にはなかなか出てこない子どもの気持ちを把握し、記述することで、より深く、本児の性格や気質を伝えられるでしょう。

記入例 19 たえず汚れを気にしている子

[モデル（沙也）のデータ]
共働きの父親（30歳）、母親（27歳）との3人家族。ぜんそくの持病があり、園でも時々発作が起こることがある。

ふりがな	○□ さや	保育の過程と子どもの育ちに関する事項	最終年度に至るまでの育ちに関する事項
氏名	○□ 沙也	（最終年度の重点） 年長として積極的に行動し、異年齢児に思いやりを持って接する。	3歳児から入園。共働きの両親と3人暮らし。清潔好きで、手や衣服が汚れるのを嫌い、入園当初はなかなか外あそびに加わることができなかったが、「汚れても着替えれば大丈夫」という安心感を持つことにより、改善されつつある。❺何でも完璧にやりたい、中心になって注目されたいという思いが強く、負けず嫌いなところがある。ゲームに負けると悔しくて、陰でこっそり泣くこともあった。ぜんそくがあり、家で吸入しており、園では調子が悪くなると背中をさすったりみぞおちを押すと楽になるようであった。家庭ではアレルギーの原因であるハウスダストを除くためにこまめに掃除をしており、本児が手の汚れを極端に気にするのと関係があると思われる。
生年月日	○×年△月□日生		
性別	女	（個人の重点） 友だちと協力し合って、楽しく遊ぶ。	
ねらい（発達を捉える視点）			

健康	明るく伸び伸びと行動し、充実感を味わう。	（保育の展開と子どもの育ち） ・潔癖性のところがあり、注意が必要。❶ ・自分があそびの中心にならないとつまらなそうにしていることが多かった。「自分がいてもいなくてもみんなどっちでもいいんだ」と悲しそうに言うので、「みんな大事な仲間なんだよ」と伝え、あそびのルールを、順番に誰もが中心になれるルールに変えたところ、うれしそうにしていた。 ・虫が嫌いで、部屋の中にハエが入ってくるだけで大騒ぎになる。生き物が嫌いなのかを聞いてみると、虫以外の生き物は好きとのことだった。虫が登場する絵本を紹介するなどして、虫も必要以上に怖がる必要のない生き物であることを伝えた。 ・汚れることが嫌で、外あそびにはなかなか入ってこなかった。砂などがついて、手・足や洋服が汚れることが嫌とのことであった。汚れてもよい洋服を用意するなどして対応したところ、改善されつつある。❷ ・イメージが豊かで、劇あそびでは役になりきったり、友だちを誘って一緒に表現することを楽しんだ。 ・筆を使ったお絵描きは楽しんで行うが、手のひらに直接絵の具をつけるお絵描きには抵抗があるようで、なかなか行わなかった。❸ （特に配慮すべき事項） ぜんそくの持病がある。❹	
	自分の体を十分に動かし、進んで運動しようとする。		幼児期の終わりまでに育ってほしい姿（10の姿）
	健康、安全な生活に必要な習慣や態度を身に付け、見通しをもって行動する。		ア，健康な心と体
人間関係	保育所の生活を楽しみ、自分の力で行動することの充実感を味わう。		イ，自立心
	身近な人と親しみ、関わりを深め、工夫したり、協力したりして一緒に活動する楽しさを味わい、愛情や信頼感をもつ。		ウ，協同性
	社会生活における望ましい習慣や態度を身に付ける。		エ，道徳性・規範意識の芽生え
環境	身近な環境に親しみ、自然と触れ合う中で様々な事象に興味や関心をもつ。		オ，社会生活との関わり
	身近な環境に自分から関わり、発見を楽しんだり、考えたりし、それを生活に取り入れようとする。		カ，思考力の芽生え
	身近な事象を見たり、考えたり、扱ったりする中で、物の性質や数量、文字などに対する感覚を豊かにする。		キ，自然との関わり・生命尊重
言葉	自分の気持ちを言葉で表現する楽しさを味わう。		ク，数量や図形、標識や文字などへの関心・感覚
	人の言葉や話などをよく聞き、自分の経験したことや考えたことを話し、伝え合う喜びを味わう。		ケ，言葉による伝え合い
	日常生活に必要な言葉が分かるようになるとともに、絵本や物語などに親しみ、言葉に対する感覚を豊かにし、保育士等や友達と心を通わせる。		コ，豊かな感性と表現
表現	いろいろなものの美しさなどに対する豊かな感性をもつ。		
	感じたことや考えたことを自分なりに表現して楽しむ。		
	生活の中でイメージを豊かにし、様々な表現を楽しむ。		

❶ 気質を伝えることが大事

「注意が必要」だけではなく、気質については具体的な状況を書きましょう。

> 例：「極端な清潔好きで、一日に何度も手を洗う姿が見られた。砂などがついた場合は、砂をはらって、『最後にお部屋に入るときに洗えばだいじょうぶ。』と声かけするなどして、徐々に回数を減らしていくように援助した。」

（★該当する10の姿：ア）

❷ 環境への対応を詳しく書く

マイナスイメージばかり強調せず、保護者と園との関わりで改善された点を記述します。小学校担任の参考になるはずです。

> 例：「外あそびで汚れることを恐れて、友だちに誘われても仲間に加わらなかった。保護者に汚れてもよい服を用意してもらい、『汚れてもすぐ洗えるからだいじょうぶ』という本人が納得する環境作りをすると、徐々に自ら外あそびに参加するようになった。」

（★該当する10の姿：ア、オ）

❸ 保育者が行った援助を追加

たとえ変化がなかったとしても、その際に保育者が行った援助についても書くようにしましょう。

> 例：「…なかなか行わなかった。無理強いはせず、筆を与えたが、他児が行うのをじっと眺めていた。『沙也ちゃんもやってみる？』と言うとイヤイヤしたが、興味は持っていた。」

（★該当する10の姿：ケ、コ）

❹ アレルギーやぜんそくで配慮が必要な場合は配慮事項にも書く

ぜんそくなどアレルギー疾患がある場合、要録以外にも、生活管理指導表に記載されますが、園での様子や対応とともに記入しておくようにします。

> 例：「3歳のときにぜんそくになり、2週間に一度通院。梅雨の時期や夏から秋の季節の変わり目などに発作が起こることが多い。」

❺ 保護者の意向が分かる書き方を

保護者と相談の上で行った配慮については、保護者の意向が正しく伝わるように書きます。

> 例：「…入園当初はなかなか外あそびに加わることができなかったが、保護者とも相談し、着替えを多めに持って来てもらうことで、『汚れても着替えればだいじょうぶ』という安心感を持つことにより、改善されつつある。」

ポイント！ 保育のコツを伝えよう

特に配慮が必要な子どもの場合、その子どもと接する際のコツ（好きな話題など）や、「こんなしぐさのときは喜んでいる（または困っている）サイン」というように、子どものしぐさから分かる子どもの気持ちを具体的に書くと、小学校教諭が子どもと接する際の参考になります。

保育者が伝えたいこと

ぜんそくの持病があり、清潔好きの沙也ちゃん。負けず嫌いで注目されたいという意識が強く、何にでも全力でぶつかるがんばりやさんです。汚れるのが嫌で、手で直接描くお絵描きには参加しませんでした。外あそびのときは手や服が汚れるのを気にするので、着替えを用意してもらうことで、着替えれば大丈夫という安心感を持ってもらうようにしました。

総合評価 ★★☆☆

特に配慮が必要な子どもの場合、どんなときにどのような状況になったのか、また、その対応についてなど、なるべく詳しく伝えるように心がけましょう。

記入例 20 きちんと話ができる子

[モデル（由美）のデータ]
父親(39歳)、母親(44歳)、兄(9歳)、本児の4人家族。小さい頃から体が弱く、慣れてしまっているせいか、体調が悪くてもがまんしがち。

		保育の過程と子どもの育ちに関する事項	最終年度に至るまでの育ちに関する事項
ふりがな	○□ゆみ	（最終年度の重点） 小学校生活に期待をふくらませ、必要な態度を身につける。	2歳児より入園。両親と今年小学校4年生になる兄との4人家族。出生時は8か月の早産で、体重1800グラムの未熟児で生まれる。小さい頃から風邪をひきやすく、常に病院通いをしていた。 入園当初は、やや緊張気味で他児や保育者の顔色をうかがうような姿も見られたが、年長クラスになった頃から次第に周囲に解け込み、笑顔が多く見られるようになった。体があまり丈夫ではなく、不調のときもついがまんしてしまうことが多いので、その点を注意して見守る必要がある。主治医からのすすめで3歳児からプールに通い始め、徐々に風邪をひかなくなり、年長になってからは一度も熱は出していない。体重も平均に近づいてきた。
氏名	○□ 由美		
生年月日	○×年△月□日生		
性別	女	（個人の重点） 体のことはがまんせず、何でも先生に相談する。	
ねらい（発達を捉える視点）			
健康	明るく伸び伸びと行動し、充実感を味わう。	（保育の展開と子どもの育ち） ・体調が悪くてもがまんして何も言わないことがあり、注意が必要である。❶ ・屋外で遊ぶよりも、どちらかというと室内で遊ぶのが好きなようである。特にお絵描きとあや取りが好きで、好きなことには熱中して取り組む姿が見られた。 ・相手が分かりやすいように順序立てて話すことができる。言葉で状況を伝えたり、相手に理解してもらえるように表現する力は群を抜いている。❷ ・年長クラスになった当初は、みんなで何かに取り組むときに"自分が"という思いが強く、友だちと口論になったり、悔し泣きする姿も見られた。❸ ・自分たちで植えた花や野菜の世話を進んで行っていた。ミニトマトの栽培では、赤く色づく実を見つけるのを毎日楽しみにし、「今日はみんなで、赤いの10個見つけたね」と収穫の喜びを他児と共有していた。 ・読書が大好きで、好きな本を友だちに表現豊かに読んで聞かせる姿も見られた。 ・集団の中でも物おじせず、状況が相手に見えるように話をする。 ・制作や絵画の活動では、イメージをふくらませて取り組む姿が見られた。❹	
	自分の体を十分に動かし、進んで運動しようとする。		幼児期の終わりまでに育ってほしい姿(10の姿)
	健康、安全な生活に必要な習慣や態度を身に付け、見通しをもって行動する。		ア，健康な心と体
人間関係	保育所の生活を楽しみ、自分の力で行動することの充実感を味わう。		イ，自立心
	身近な人と親しみ、関わりを深め、工夫したり、協力したりして一緒に活動する楽しさを味わい、愛情や信頼感をもつ。		ウ，協同性
	社会生活における望ましい習慣や態度を身に付ける。		エ，道徳性・規範意識の芽生え
環境	身近な環境に親しみ、自然と触れ合う中で様々な事象に興味や関心をもつ。		オ，社会生活との関わり
	身近な環境に自分から関わり、発見を楽しんだり、考えたりし、それを生活に取り入れようとする。		カ，思考力の芽生え
	身近な事象を見たり、考えたり、扱ったりする中で、物の性質や数量、文字などに対する感覚を豊かにする。		キ，自然との関わり・生命尊重
言葉	自分の気持ちを言葉で表現する楽しさを味わう。		ク，数量や図形、標識や文字などへの関心・感覚
	人の言葉や話などをよく聞き、自分の経験したことや考えたことを話し、伝え合う喜びを味わう。		ケ，言葉による伝え合い
	日常生活に必要な言葉が分かるようになるとともに、絵本や物語などに親しみ、言葉に対する感覚を豊かにし、保育士等や友達と心を通わせる。		コ，豊かな感性と表現
表現	いろいろなものの美しさなどに対する豊かな感性をもつ。		
	感じたことや考えたことを自分なりに表現して楽しむ。	（特に配慮すべき事項） 風邪をひくと肺炎を起こしやすく、入退院をくり返してきた。❺	
	生活の中でイメージを豊かにし、様々な表現を楽しむ。		

❶「体調が悪い」は具体的に！

体調については具体的にどんな症状だったのかを書き、対処についても併せて書きましょう。

> **例**「体調が悪くてもがまんして何も言わないことがあり、注意が必要である。腹痛を起こしても遠慮してトイレをがまんしていることも多い。顔色をうかがい、そわそわしているときは『トイレに行ってみる？』と他児に聞こえない小さい声でうながしたりした。」

（★該当する10の姿：ア）

❷ 話す力に優れている姿をぜひ伝えること

本児の優れている点を小学校に伝え、伸ばしてもらうためにも、できるだけ具体的に記述してください。

> **例**「相手が分かりやすいように順序立てて話すことが得意。正確に状況を伝えたり、相手に理解してもらえるように表現する力も優れている。おもちゃを使う順番を守らずに占領している子に、『みんな待っているよ。かわりばんこに使えば、またすぐに使えるよ』と整然と自分の考えを伝えて説得した。」
> 「お茶を運ぶ当番の子どもが迷っていると、『はじめはコップを少なくするといいよ』とアドバイスし、やり遂げやすい手順を教えていた。」

（★該当する10の姿：ウ、エ、カ、ケ）

❸ 年長児後半の姿がポイント

小学校教諭が参考にしたい年長児後半の姿も加えましょう。

> **例**「…悔し泣きする姿も見られた。『いつも自分でやろうとしているのね』と本児のやる気をほめると、自分が認められていることを受けとめ、年長クラスでは徐々に相手に譲るようになった。状況にあわせて自分の主張を抑えることができるようになった。」

（★該当する10の姿：ウ、オ）

❹ 子どもが感じたこと、気づいたことは？

子どもの得意な表現方法について紹介するだけでなく、表現することで子どもが何を感じ、気づいたのかについても加えるようにしましょう。

> **例**「水彩絵の具やクレヨンを使って、自分のイメージをふくらませて表現することが得意で、意欲的に取り組んでいた。秋のサンマを描いた作品では、『お魚って虹色に光るんだね』と光の加減でさまざまな色に見えるサンマの色を絵の具で表現していた。」

（★該当する10の姿：コ）

❺ 小学校にも大切な情報

入院歴については、時期や回数などについてはっきり書きましょう。

> **例**「風邪をひくと肺炎を起こしやすく、年少クラスで2回、年中クラスで3回入院した。特に冬に体調を崩すことが多い。」

保育者が伝えたいこと

幼い頃から体が弱く、つらい思いをたくさんしてきたこともあり、がまんぐせがついている由美ちゃん。顔色などで具合が悪そうなときは注意が必要です。入園当初はやや緊張気味でしたが、次第に笑顔が見られるようになりました。
本を読むのが好きで、言葉に表現力があり、お話がとても上手です。その力を小学校でも伸ばしていけたらいいなと思います。

総合評価 ★★☆☆

体が弱い本児を注意深く見守る保育者の姿が浮かびます。家庭との連携などについても記述があると、小学校教諭にとって、さらに参考になるでしょう。

記入例 21 気持ちを伝えるのが苦手な子

[モデル（東吾）のデータ]
父親（42歳）、母親（36歳）と妹（4歳）、本児の4人家族。妹も同じ園に通っており、一緒に遊ぶ姿も見られる。

ふりがな	○□ とうご	保育の過程と子どもの育ちに関する事項	最終年度に至るまでの育ちに関する事項
氏名	○□ 東吾	（最終年度の重点） 友だちと考えを出し合いながら、協力して楽しく遊ぶ。	1歳児より入園。両親と1歳違いの妹の4人家族。入園当初は人見知りが激しく、泣いていることが多かった。母親によると、初めての子ということで、育児不安があったとのことで、それが原因と考えられる。❺ 場面変化に弱く、不快や不安を泣くことで表現することが多く見られたが、保育所体験を積むことで、徐々に泣くことが少なくなり、友だちと楽しく遊ぶようになった。園生活での経験で、少しずつ自信がついてきている。妹が同じ園に通園しており、園でも時おり一緒に遊ぶ姿も見られた。保育者にスキンシップを求めたり、ゆっくり話を聞いてほしそうにすることがたびたびあり、年の近い妹がいることから、両親に十分甘えきれていないと感じる面もあった。❻
生年月日	○×年△月□日生		
性別	男	（個人の重点） 自分の思っていることを相手に伝える。	
ねらい （発達を捉える視点）			
健康	明るく伸び伸びと行動し、充実感を味わう。 自分の体を十分に動かし、進んで運動しようとする。 健康、安全な生活に必要な習慣や態度を身に付け、見通しをもって行動する。	（保育の展開と子どもの育ち） ・戸外で体を動かして遊ぶのが好きである。プールでは初め水に顔がつけられなかったが、できるようになりたい思いを強く持ち、友だちの支えもある中でできるようになった。その経験から、自信を持ち、さまざまなことに挑戦するようになってきた。 ・友だちとのやり取りで困ると、保育者に「どうすればいい？」と聞いてくることが多かった。最初は「こうすれば？」とアドバイスをしながら、自発的に行ったときには「よくできたね」とほめることで、自分で考えて行動するようになってきている。 ・クラスで飼っているザリガニやメダカの世話を積極的に行った。❶ ・自分の思いを言葉にすることが苦手だったが、年長クラスになり、少しずつ相手に自分の思いを伝えようとする姿が見られた。❷ ・人前で表現することが他の子に比べてうまくできない。❸誰かに見られていることを意識して、上手にやらなくてはいけないとプレッシャーに思い、硬さが見られた。お楽しみ会では恥ずかしさもあるらしく、配役を演じる声も小さかった。しかし、布をまとったり、お面をかぶることで成りきる楽しさが感じられるようになったらしく、表現の楽しさを味わっていた。	幼児期の終わりまでに育ってほしい姿（10の姿）
人間関係	保育所の生活を楽しみ、自分の力で行動することの充実感を味わう。 身近な人と親しみ、関わりを深め、工夫したり、協力したりして一緒に活動する楽しさを味わい、愛情や信頼感をもつ。 社会生活における望ましい習慣や態度を身に付ける。		ア，健康な心と体
			イ，自立心
			ウ，協同性
環境	身近な環境に親しみ、自然と触れ合う中で様々な事象に興味や関心をもつ。 身近な環境に自分から関わり、発見を楽しんだり、考えたりし、それを生活に取り入れようとする。 身近な事象を見たり、考えたり、扱ったりする中で、物の性質や数量、文字などに対する感覚を豊かにする。		エ，道徳性・規範意識の芽生え
			オ，社会生活との関わり
			カ，思考力の芽生え
			キ，自然との関わり・生命尊重
言葉	自分の気持ちを言葉で表現する楽しさを味わう。 人の言葉や話などをよく聞き、自分の経験したことや考えたことを話し、伝え合う喜びを味わう。 日常生活に必要な言葉が分かるようになるとともに、絵本や物語などに親しみ、言葉に対する感覚を豊かにし、保育士等や友達と心を通わせる。		ク，数量や図形、標識や文字などへの関心・感覚
			ケ，言葉による伝え合い
表現	いろいろなものの美しさなどに対する豊かな感性をもつ。 感じたことや考えたことを自分なりに表現して楽しむ。 生活の中でイメージを豊かにし、様々な表現を楽しむ。	（特に配慮すべき事項） 入園当初から便秘気味。繊維質、水分をとる、睡眠を十分取るなどしてきた。❹	コ，豊かな感性と表現

134

❶ 事実＋育ちで立体的に書く

事実を羅列するだけにならないようにしましょう。そのことをとおしての子どもの成長や、今後の課題についても記述しましょう。

> 例：「クラスで飼っているザリガニやメダカに関心を持ち、毎日世話をすることで、生き物への親しみと愛護の気持ちが芽生えている。」

（★該当する10の姿：エ、キ）

❷ 自分を表現できるまでの援助を記す

言葉の発達や能力は子どもによって違います。保育者がどのようにして子どもの成長をうながしたのかを伝えることが大切です。

> 例：「自分の思いを言葉にすることが苦手だったため、保育者が『お互いにどう思ったか、自分の気持ちを相手に伝えてみようね』と援助するなど、積極的に関わるようにした。次第に、相手の様子を感じながら、自分の思いを伝えようと試みる姿が見られるようになった。」
> 「砂場あそびの長いトンネル作りのとき、『どのくらいにしたらいいと思う』と本児に聞くと、友だちの前で手を広げて思いを述べることができた。」

（★該当する10の姿：イ、ウ、エ、オ、ケ）

❸「他の子に比べて」の表現は×

同年齢の子どもと育ちを比較するような表現は避けましょう。

> 例：「人前でみずから進んで、何かを表現することが苦手である。人見知りの面があり、やさしい性格から自分を前面に出すことをためらうことがある。」

（★該当する10の姿：ウ、ケ）

❹ 現在の健康状態は？

対処により、現在はどのような状況であるのかも書きましょう。

> 例：「…睡眠を十分とるなどし、排泄時間がだいぶ定まってきた。」

❺ 家庭環境を書くときは慎重に

子どもの育ちについて、家庭環境が原因と断定することは避けましょう。保護者から聞いたことを正確に記述するようにします。

> 例：「保育相談の際に母親からうかがったところによると、初めての子ということで、育児不安があったとのことである。」

❻ 対応が見えないと伝わらない

保育者として、このことにどう対処したかを加えましょう。

> 例：「…十分甘えきれていないと感じる面もあった。保育者が時折ひざにのせたり、ゆったりと接することで、満足して友だちとのあそびに戻っていった。」

保育者が伝えたいこと

自分の不安やイライラを、言葉で表現することが苦手な東吾くん。すぐ下に妹がいて、甘えたい時期に母親に十分甘えられなかったことも関係しているのかもしれません。周囲の様子を常にうかがう姿がありましたが、自分のしたいこと、言いたいことをもっと言っていいんだよ、と伝えることで、少しずつですが変化が見られます。

総合評価 ★★☆☆

子どもの苦手な面については、家庭環境や子どもの心理、周囲の環境など、さまざまなことが要因になっています。その子なりのせいいっぱいの努力と成長を十分に評価するようにしましょう。

第4章 保育要録実例集 記入例21

記入例 22　言葉の理解力が弱い子

[モデル（亮介）のデータ]
父親(30歳)、母親(31歳)、妹(2歳)、祖母、本児の5人家族。食べることが大好きで体格がよく、少々太り気味。

ふりがな	○□ りょうすけ	保育の過程と子どもの育ちに関する事項	最終年度に至るまでの育ちに関する事項
氏名	○□ 亮介	（最終年度の重点） 感じたこと、考えたことを自分なりに表現することを楽しむ。	3歳児より入園。今年2歳になる妹と両親と祖母の5人暮らし。家の事情から休むことが多いが、❺園に来ると楽しそうに過ごしている。やや言葉の理解力に弱いところがあり、時に集団行動についていけないこともあったが、ゆっくりとした対応と援助により、徐々に取り組めるようになってきている。やさしい性格で、年下の子の面倒をよくみる。食欲旺盛で少々太り気味。好き嫌いはなく、何でも食べる。給食では、ほとんどおかわりしている。やや休みがちではあるが、健康状態は良好。健康診断でも異常はなかった。食欲旺盛で、あるだけ食べてしまうことがある。外で体を動かして遊ぶのは好きなので、運動は積極的に行っている。
生年月日	○×年△月□日生		
性別	男	（個人の重点） 分からないことがあったら、先生や友だちに聞く。	
ねらい（発達を捉える視点）			
健康	明るく伸び伸びと行動し、充実感を味わう。	（保育の展開と子どもの育ち） ・食べすぎな傾向があり、年長クラスになる頃から太ってきたので、看護師と連携して毎月の体重の増加を管理してきた。最近は身長の伸びもあり、バランスが取れてきた。❶ ・体が大きく、足首やひざ、腕に負担がかかることがあり、時々だるそうにしている姿が見られた。あまり無理をしないように注意し、あそびの最中でも疲れたときは休みながら、あそびを続けるようにうながした。 ・同年齢の子どもと遊ぶよりも、年少児と遊ぶのが好きで、面倒もよい。園庭でおにごっこなどをしながら、一緒に楽しく遊んでいる。 ・動物が苦手で、特に昆虫やカエルなどを見ると怖がる。❷ ・言語の理解力に弱さがあり、個別の説明が必要である。特に抽象的な表現や、先のことを十分理解できないことがある。できるだけゆっくりと話すなどで対応したところ、改善されてきたように思われる。分からない場合は、友だちを参考にするようにうながした。❸ ・感性、イメージが豊かで、指先が器用である。自分で考えて作ったり描いたりすることが好きで、粘土あそびの時間に、空想の怪獣や乗り物を作って、自分で考えた名前をつけて紹介してくれた。 （特に配慮すべき事項） 肩を脱臼しやすいので注意が必要である。❹	
	自分の体を十分に動かし、進んで運動しようとする。		
	健康、安全な生活に必要な習慣や態度を身に付け、見通しをもって行動する。		幼児期の終わりまでに育ってほしい姿（10の姿）
人間関係	保育所の生活を楽しみ、自分の力で行動することの充実感を味わう。		ア，健康な心と体
	身近な人と親しみ、関わりを深め、工夫したり、協力したりして一緒に活動する楽しさを味わい、愛情や信頼感をもつ。		イ，自立心
	社会生活における望ましい習慣や態度を身に付ける。		ウ，協同性
環境	身近な環境に親しみ、自然と触れ合う中で様々な事象に興味や関心をもつ。		エ，道徳性・規範意識の芽生え
	身近な環境に自分から関わり、発見を楽しんだり、考えたりし、それを生活に取り入れようとする。		オ，社会生活との関わり
	身近な事象を見たり、考えたり、扱ったりする中で、物の性質や数量、文字などに対する感覚を豊かにする。		カ，思考力の芽生え
言葉	自分の気持ちを言葉で表現する楽しさを味わう。		キ，自然との関わり・生命尊重
	人の言葉や話などをよく聞き、自分の経験したことや考えたことを話し、伝え合う喜びを味わう。		ク，数量や図形、標識や文字などへの関心・感覚
	日常生活に必要な言葉が分かるようになるとともに、絵本や物語などに親しみ、言葉に対する感覚を豊かにし、保育士等や友達と心を通わせる。		ケ，言葉による伝え合い
表現	いろいろなものの美しさなどに対する豊かな感性をもつ。		コ，豊かな感性と表現
	感じたことや考えたことを自分なりに表現して楽しむ。		
	生活の中でイメージを豊かにし、様々な表現を楽しむ。		

① 保護者の意向も加えることが大切

食事や健康管理については、保護者の意向をあらかじめ聞いておき、記述に加えるようにします。

> **例**　「…管理してきた。保護者とも相談して、登降園は歩くようにしたり、おかわりは野菜を中心にすることで、最近は身長の伸びもあり、バランスが取れてきた。」

（★該当する10の姿：ア）

② 子どもの行動の原因をできるだけ記述する

動物が苦手な子もいます。子どもがどういう気持ちで怖がっているのか、保育者の働きかけなどについても記述しましょう。

> **例**　「…怖がる。『どうして怖いの？』と聞くと、『なんかされそうだから』とのこと。図鑑などで人に危害を加えない昆虫がたくさんいることや、おとなしいイヌやネコのかわいがり方をそばで教えたところ、少しずつ怖さを克服しつつある。」

（★該当する10の姿：カ、キ）

③ どのような配慮が必要か詳しく書く

子どもの言葉への理解力は個人差もあり、就学時の担任にも継続したいことです。園生活での配慮と対応を細かく記述しておくことが必要です。

> **例**　「たくさんのことを、一度に話さず一つ一つ分けて伝えるとともに、その都度、理解したかを本児に確認した。その後徐々に、分からない場合は自分から保育者に尋ねるようになった。その場合も、ゆっくりとくり返し話して対応することで、安心して取り組んでいた。」
>
> 「本児に見やすいように見本を置いたり、落ち着いて手ぎわのよい子どもを隣に配置した。言葉で分からない部分を参考にする姿が見られるようになった。」

（★該当する10の姿：イ、カ、ケ）

④ 脱臼や骨折は今後の対応を考えて書く

脱臼などについては、「しやすい」とだけ書くのではなく、具体的にいつ頃、どこを脱臼したのか、その状況などを書き加えると、今後の参考になります。

> **例**　「右肩を2度脱臼（2歳、4歳）。いずれも友だちと遊んで引っ張り合いをしているときだったので、注意が必要である。」

⑤ 「休みが多い」だけでは分からない

園を休みがちな子どもは、プライバシーを考慮しつつ、その理由をできるだけ詳しく書くようにします。

> **例**　「両親は共働きだが、日中、祖母がいることから、休みたいときに休みを取れる状況にあり、園を休みがちであった。」

保育者が伝えたいこと　おっとりとしたやさしい性格で、小さい子の面倒もよくみる亮介くん。言葉の理解力が弱く、たくさんのことを一度に伝えると、どうしていいか分からなくなってしまいます。一つ一つ、時間をかけて説明・会話したりすることで理解し、自分のペースで進めることができます。就学してもやさしい性格を分かってもらえたらと思います。

総合評価 ★★★☆

配慮が必要な部分と、子どもの得意な部分がバランスよく書かれています。子どもと関わっていく上で特に必要な家庭環境や、行動の原因、動機などについても記述するとよりよくなります。

記入例 23 空想の世界が好きで夢見がちな子

[モデル（あかね）のデータ]
父親（43歳）、母親（32歳）と妹（0歳）、本児の4人家族。幼い頃に家庭環境が変わり、気持ちが不安定な時期があった。

ふりがな	○□あかね	保育の過程と子どもの育ちに関する事項	最終年度に至るまでの育ちに関する事項
氏名	○□ あかね	（最終年度の重点） 経験したこと、考えたことを友だちと伝え合い、楽しむ。	母親が再婚し、妹が4月に誕生。当初は家庭環境の変化で心理的に不安定になる時期もあったが、今は気持ちも落ち着き、身の回りのことなどに自主性を持ち、生活している。❺ 身近な動植物などを慈しむやさしい気持ちを持っている。時にごっこあそびに夢中になり、現実にしなければいけないことができなくなることもあったが、次第にごっこあそびから現実への切り替えができるようになってきた。保護者の話で、家庭では妹のお世話も手伝う、頼もしいお姉ちゃんであるとのこと。アトピー性皮膚炎だが、年長になって自分でも肌のケアの大切さを感じるようになり、自己管理ができるようになっている。
生年月日	○×年△月□日生		
性別	女	（個人の重点） 一日の見通しを持ってあそぶ。	
ねらい（発達を捉える視点）			

		（保育の展開と子どもの育ち）
健康	明るく伸び伸びと行動し、充実感を味わう。 自分の体を十分に動かし、進んで運動しようとする。 健康、安全な生活に必要な習慣や態度を身に付け、見通しをもって行動する。	・生活習慣の大切さは理解し、身についている。❶ ・生活習慣や活動の中で、おとなに認められ、ほめられることで、自信を持ち、次のステップに踏み出せるようになってきた。 ・身近な動植物への興味や関心があり、図鑑で調べたり、自分で絵本を読んだりすることが好きである。❷ ・ごっこあそびなどで非現実な世界に入り込むとひたってしまい、現実のこと（今やること）ができなくなる。その最中に、声をかけても心に響かないので、イメージの世界が終わるまでは寄り添い、片づける中で現実へと戻していくことが大変であった。❸ ・運動会のダンスなど、みんなで一つのことに取り組むときに、自分の思いを出し切れないことが多かったが、心に秘めている思いは強く感じられた。友だちとトラブルになったとき、押しの強い子の言いなりになることはなく、意志の強さがうかがえた。年長クラスになってからは、少しずつ自分の考えや感じたことを表現できるようになってきた。 ・クラスで親しんできた本のお話の劇あそびを友だちと一緒に楽しむ。初めのうちはセリフも自信なく、小さな声になってしまっていたが、練習していく中で、大きな声で堂々と表現するようになった。❹
人間関係	保育所の生活を楽しみ、自分の力で行動することの充実感を味わう。 身近な人と親しみ、関わりを深め、工夫したり、協力したりして一緒に活動する楽しさを味わい、愛情や信頼感をもつ。 社会生活における望ましい習慣や態度を身に付ける。	
環境	身近な環境に親しみ、自然と触れ合う中で様々な事象に興味や関心をもつ。 身近な環境に自分から関わり、発見を楽しんだり、考えたりし、それを生活に取り入れようとする。 身近な事象を見たり、考えたり、扱ったりする中で、物の性質や数量、文字などに対する感覚を豊かにする。	
言葉	自分の気持ちを言葉で表現する楽しさを味わう。 人の言葉や話などをよく聞き、自分の経験したことや考えたことを話し、伝え合う喜びを味わう。 日常生活に必要な言葉が分かるようになるとともに、絵本や物語などに親しみ、言葉に対する感覚を豊かにし、保育士等や友達と心を通わせる。	
表現	いろいろなものの美しさなどに対する豊かな感性をもつ。 感じたことや考えたことを自分なりに表現して楽しむ。 生活の中でイメージを豊かにし、様々な表現を楽しむ。	（特に配慮すべき事項） アトピー性皮膚炎なので、汗をふくときもタオルなどでこすらないように注意した。

幼児期の終わりまでに育ってほしい姿（10の姿）
ア，健康な心と体
イ，自立心
ウ，協同性
エ，道徳性・規範意識の芽生え
オ，社会生活との関わり
カ，思考力の芽生え
キ，自然との関わり・生命尊重
ク，数量や図形、標識や文字などへの関心・感覚
ケ，言葉による伝え合い
コ，豊かな感性と表現

❶ 伝えられる情報を盛り込むこと

どういう子どもの姿があったのかを、保育者との関わりを含めて記述しましょう。

> 例：「食事では感謝の『いただきます』と『ごちそうさま』をきちんと言え、食事中に遊ぶこともない。食べ物はなるべく残さず、大切にすることを理解しており、生活習慣が身についている。」

（★該当する10の姿：ア、エ）

❷ どのような援助をしたかを書く

よい部分を伸ばすために保育者から行った事例などを加えると、さらによくなります。

> 例：「…が好きである。興味のある動物について保育者から質問をしたり、散歩のときに出会う生き物のことを会話に取り込むなどの働きかけで、さらに知りたいという意欲が見られた。」

（★該当する10の姿：キ、ク、ケ）

❸ 現状と課題を加えよう

現在（最終年度）の状況とその課題を加えましょう。

> 例：「…現実へと戻していくことが大変だった。まだごっこあそびを終えるときの切り替えには時間を要するが、徐々に切り替えの時間は短くなっている。現実の世界への関心をさらに強めていけるように、仲よしの友だちを作ることや、グループでのあそびに参加するようにし向けている。」

（★該当する10の姿：オ、コ）

❹ 現実に向き合った育ちの姿を記す

夢や想像でなく、友だちや保育者との劇あそびという現実的な自己主張に向き合い、とまどいを乗り越えた育ちの姿を伝えます。

> 例：「…練習を重ねるうちに友だちとの交流も深まった。セリフの覚えのよさを、保育者や友だちにほめられたことで自信が生まれ、思い切り楽しもうという気持ちの切り替えが見られた。」
> 「劇あそびで演じられたことで、友だちとの交わりも盛んになってきた。」

（★該当する10の姿：ウ、ケ）

❺ 必ず入園の時期を示すこと

入園の時期と、家庭環境に変化があった時期について、具体的に記述しましょう。

> 例：「0歳児より入園。1歳のときに母親が離婚し、3歳のときに再婚、妹が今年の4月に誕生。現在は両親と妹の4人家族。家庭環境の変化に不安定になる時期もあったが、今は気持ちも落ち着き〜」

保育者が伝えたいこと

入園当初から家庭環境にさまざまな変化があり、お母さんの心理状態を反映する形で気持ちがやや不安定になっていたあかねちゃん。現在は落ち着いて園生活を送っており、あいさつや感謝の気持ちを伝えることは得意です。ごっこあそびに夢中になるとなかなか現実の世界に戻りませんが、想像し、創作する力を大切にしたいと思います。

総合評価 ★★☆☆

アトピーやごっこあそびについて、保育者がどのような援助を行ったかはよく書かれていますが、その他も抽象的な表現は避け、子どもとの会話などを入れて具体的に書くことで、10の姿の自立心や社会生活との関わりがどう育ってきているのかが分かるようになるでしょう。

記入例 24 創作活動が得意な子

[モデル（草太）のデータ]
父親（38歳）、母親（36歳）、弟（1歳）、本児の4人家族。両親が音楽家で、幼い頃から音楽や絵に親しんでいる。

ふりがな	○□ そうた	保育の過程と子どもの育ちに関する事項	最終年度に至るまでの育ちに関する事項
氏名	○□ 草太	（最終年度の重点） してよいこと、悪いことについて理解し、自分で考えて行動する。	3歳児より入園。両親ともに音楽家で、休みの日はバイオリン教室や絵画の塾に通っている。当初は園生活に慣れるのに時間がかかったが、友だちや保育者に囲まれて、現在では友だちの中でのあそびの中心になり、友だちの手助けをする姿も見られ、年長になってからは弟の誕生を喜び、兄としてがんばる姿も見られる。❺知識が豊富で、特に大好きなサッカーについては選手の名前や特徴について詳しく、うれしそうに話す。工作や絵を描くのが得意で、自分で考え出した家や乗り物など、個性豊かな作品を作る。せっかちな面があり、早く次の活動に移りたいときなどにあわてて雑にやってしまうことがあったが、声をかけることで、急がずにていねいに行うようになった。
生年月日	○× 年△月□日生		
性別	男	（個人の重点） 相手の気持ちを考え、思いやりを持って行動する。	
	ねらい （発達を捉える視点）		
健康	明るく伸び伸びと行動し、充実感を味わう。	（保育の展開と子どもの育ち） ・好き嫌いや偏食が激しい。野菜が特に苦手だが、年長クラスになり、少しずつ口にしなかったものを食べようとする姿が見られた。❶ ・好きな創作活動に取り組むときの集中力が高く、夢中になると周囲の状況や時間を気にしない面がある。❷ ・気の合う友だちといることが多く、なかなか他児には関わりが広がらない。❸一方で、いつも仲よくしている子に対して自分の言うことを聞いてほしくて強い言い方をしたり、時には手を出してしまうことがあった。他児の前では本音を言えない分、その子の前だと主張が強くなってしまう。相手の気持ちを想像するようにアドバイスすることで、少しずつ友だちの気持ちを理解するようになってきている。 ・人の話をしっかり聞き、自分の思いを言葉でしっかり伝えることができる。 ・難しいことでも好きなことには根気よく取り組み、完成させる力がある。毎年の発表会は自然に親しみ、自然の美しさを自分の個性で表現することをテーマに行っているが、本児はどんぐりと枝を使って小人のすむ町のジオラマを作り、保護者にも大変評判がよかった。 （特に配慮すべき事項） 温度差や運動で激しく咳き込むことがあるが、ぜんそくではなく、気管支が弱いようだ。❹	
	自分の体を十分に動かし、進んで運動しようとする。		
	健康、安全な生活に必要な習慣や態度を身に付け、見通しをもって行動する。		幼児期の終わりまでに育ってほしい姿（10の姿）
人間関係	保育所の生活を楽しみ、自分の力で行動することの充実感を味わう。		ア，健康な心と体
	身近な人と親しみ、関わりを深め、工夫したり、協力したりして一緒に活動する楽しさを味わい、愛情や信頼感をもつ。		イ，自立心
	社会生活における望ましい習慣や態度を身に付ける。		ウ，協同性
環境	身近な環境に親しみ、自然と触れ合う中で様々な事象に興味や関心をもつ。		エ，道徳性・規範意識の芽生え
	身近な環境に自分から関わり、発見を楽しんだり、考えたりし、それを生活に取り入れようとする。		オ，社会生活との関わり
	身近な事象を見たり、考えたり、扱ったりする中で、物の性質や数量、文字などに対する感覚を豊かにする。		カ，思考力の芽生え
言葉	自分の気持ちを言葉で表現する楽しさを味わう。		キ，自然との関わり・生命尊重
	人の言葉や話などをよく聞き、自分の経験したことや考えたことを話し、伝え合う喜びを味わう。		ク，数量や図形、標識や文字などへの関心・感覚
	日常生活に必要な言葉が分かるようになるとともに、絵本や物語などに親しみ、言葉に対する感覚を豊かにし、保育士等や友達と心を通わせる。		ケ，言葉による伝え合い
表現	いろいろなものの美しさなどに対する豊かな感性をもつ。		コ，豊かな感性と表現
	感じたことや考えたことを自分なりに表現して楽しむ。		
	生活の中でイメージを豊かにし、様々な表現を楽しむ。		

① 変化、成長のきっかけとなった出来事を書こう

どのようなことがきっかけで、嫌いなものを食べるようになったのかを書きましょう。

> **例**「年長クラスになり、クッキング保育で大根の皮をむいたり、トマトを栽培して収穫し、丸かじりして食べたりすることで、野菜への興味がわき、少しずつ口にするようになった。」

（★該当する10の姿：ア、キ）

② 集団生活の中での個性の育ちを書く

園は子どもに集団生活を教えるところでもあり、一方で個性を重視し、伸ばすことも大切です。どのように両立を図ったのかを小学校へ詳しく伝えましょう。

> **例**「好きな創作活動に取り組むときの集中力が高く、夢中になると周囲の状況や時間を気にしない面がある。時間内に終わらない場合は『時計の針が○になったら終わろうね。続きは明日できるよ』と伝え、見通しを立てて行えるようにうながした。」
> 「創作のコツを友だちに聞かれると、照れくさそうに作りながら教えてあげた。以後、制作をとおして親しい友だちが増えていった。」

（★該当する10の姿：ウ、オ、カ）

③ マイナスではなくよい面にとらえる

友だちの数が少ないことは悪いこととは限りません。なるべくよい部分としてとらえるようにしましょう。

> **例**「気の合う友だちといることが多く、なかなか他児には関わりが広がらないが、友だちとはより親密になりたいという気持ちが強く、好きな絵本を2人で読んだりして楽しく遊んでいた。」

（★該当する10の姿：ウ、オ）

④ 保育者の判断ではダメ

「…ようだ」とすると、保育者が病名を判断しているかのようにとらえられるので注意しましょう。

> **例**「…咳き込むことがある。保護者に伺ったところ、医師にぜんそくではなく、気管支が弱いだけと診断されたとのことであった。」

⑤ 一つの文章は長すぎないように

文章は簡潔に。言いたいことをまとめ、区切って書くようにします。

> **例**「当初は園生活に慣れるのに時間がかかったが、現在ではあそびの中心になり、友だちの手助けをする姿も見られるようになった。年長になって弟が生まれ、その誕生を喜び、兄としてがんばる姿も見られる。」

保育者が伝えたいこと
両親ともに音楽家で、幼い頃からピアノやバイオリン、絵画などさまざまな習い事をしている草太くん。食べ物にも工作にもあそびにもこだわりがあり、自分の好きなものと嫌いなものがはっきりしています。友だちづき合いも気の合った子とじっくりつき合うタイプ。創造力が豊かなので、これからもその個性を大きく伸ばしていってほしいです。

総合評価  ★★★☆

子どもの優れた面や気質が、よく表れています。紙面に限りがあり、書き尽くせない部分も出てきますが、伝えたいポイントを絞り込むようにすることで、さらにまとまりが出てくるでしょう。

練習用　保育所児童保育要録(保育に関する記録)

*コピーしてお使いください。

		保育の過程と子どもの育ちに関する事項	最終年度に至るまでの育ちに関する事項
ふりがな		(最終年度の重点)	
氏名			
生年月日	年　月　日		
性別		(個人の重点)	

ねらい（発達を捉える視点）		保育の過程と子どもの育ちに関する事項
健康	明るく伸び伸びと行動し、充実感を味わう。	(保育の展開と子どもの育ち)
	自分の体を十分に動かし、進んで運動しようとする。	
	健康、安全な生活に必要な習慣や態度を身に付け、見通しをもって行動する。	
人間関係	保育所の生活を楽しみ、自分の力で行動することの充実感を味わう。	
	身近な人と親しみ、関わりを深め、工夫したり、協力したりして一緒に活動する楽しさを味わい、愛情や信頼感をもつ。	
	社会生活における望ましい習慣や態度を身に付ける。	
環境	身近な環境に親しみ、自然と触れ合う中で様々な事象に興味や関心をもつ。	
	身近な環境に自分から関わり、発見を楽しんだり、考えたりし、それを生活に取り入れようとする。	
	身近な事象を見たり、考えたり、扱ったりする中で、物の性質や数量、文字などに対する感覚を豊かにする。	
言葉	自分の気持ちを言葉で表現する楽しさを味わう。	
	人の言葉や話などをよく聞き、自分の経験したことや考えたことを話し、伝え合う喜びを味わう。	
	日常生活に必要な言葉が分かるようになるとともに、絵本や物語などに親しみ、言葉に対する感覚を豊かにし、保育士等や友達と心を通わせる。	
表現	いろいろなものの美しさなどに対する豊かな感性をもつ。	
	感じたことや考えたことを自分なりに表現して楽しむ。	(特に配慮すべき事項)
	生活の中でイメージを豊かにし、様々な表現を楽しむ。	

幼児期の終わりまでに育ってほしい姿

※各項目の内容等については、別紙に示す「幼児期の終わりまでに育ってほしい姿について」を参照すること。

幼児期の終わりまでに育ってほしい姿
健康な心と体
自立心
協同性
道徳性・規範意識の芽生え
社会生活との関わり
思考力の芽生え
自然との関わり・生命尊重
数量や図形、標識や文字などへの関心・感覚
言葉による伝え合い
豊かな感性と表現

第 5 章

認定こども園 園児指導要録の 書き方

「幼保連携型認定こども園園児指導要録」のポイント

幼保連携型認定こども園では「幼保連携型認定こども園園児指導要録」を作成することになっています。またそれ以外の認定こども園においては、「幼保連携型認定こども園園児指導要録」をその施設に沿った内容のものに読み替えて「認定こども園こども要録」を作成します。ただし、幼稚園型の認定こども園では「幼稚園幼児指導要録」を、幼稚園型および幼保連携型認定こども園以外の認定こども園では「保育所児童保育要録」を作成しても構わないことになっています。保育期間の長さに関わらず、最終年度に在籍した園が小学校へ送付します。

● 学籍等に関する記録 ●

園児の氏名、保護者の連絡先、学級担任名を記載するなど、名簿としての役割を持ち、証明等の原簿となります。入園時や学年の始め、及び異動が生じた際に記入します。20年間の保存が義務づけられています。

園児　現住所には、マンション名なども省略せずに記入します。

保護者　親権者以外である場合は、氏名の後に「後見人」であることを記入します。現住所が園児と同じ場合は、「子どもの欄に同じ」とします。

入園前の状況　入園する前の集団生活の経験の有無等を記入。海外の保育園にいた場合は、その旨記入します。

進学・就学先等　進学した小学校の名称及び所在地等を記入します。転園した場合は転園先の名称及び所在地、転園理由を記入します。

幼稚園に在籍した期間　当該こども園在園期間のうち、幼稚園児として在籍した期間を記入します。

園名及び所在地　正式名称を記入し、所在地は都道府県名から記入します。

各年度の入園・進級時の園児の年齢　年度は、4月1日から3月31日までの学年の属する年度を記入します。年齢は、当該年度の4月1日時点での幼児の年齢を月齢まで記入します。

学級担任者　氏名　印　年度内に担任が代わった場合は、その都度後任者の名前を記入します。担任が複数いる場合は氏名を列挙し、副担任の場合はカッコ内に記入します。

幼保連携型認定こども園園児指導要録（学籍等に関する記録）

				性別
園児	ふりがな 氏　名			
		年　　月　　日生		
	現住所			
保護者	ふりがな 氏　名			
	現住所			
入　　園	年　月　日	入園前の状況		
転入園	年　月　日			
転・退園	年　月　日	進学・就学先等		
終　了	年　月　日			

園　名 及び所在地				
年度及び入園（転入園）・進級時等園児の年齢	年度 歳　か月	年度 歳　か月	年度 歳　か月	年度 歳　か月
園　長 氏名　印				
担任者 氏名　印				

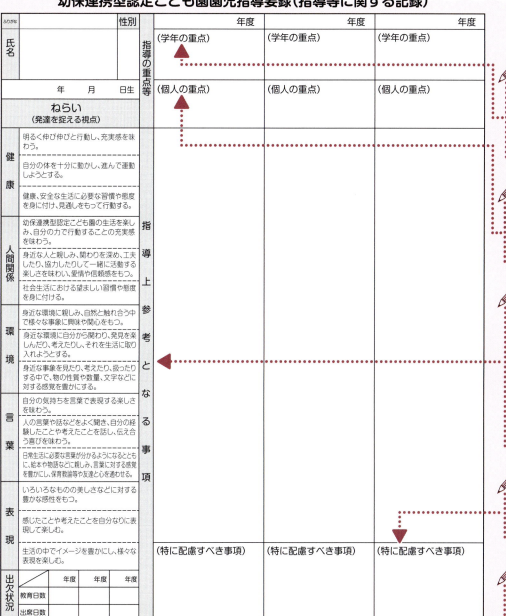

●指導等に関する記録【最終学年について】●

最終学年については、小学校における児童の指導に生かされるよう「幼児期の終わりまでに育ってほしい姿（幼保連携型認定こども園教育・保育要領 第1章総則）」を活用して、指導の過程と育ちつつある姿をわかりやすく記入します。

幼保連携型認定こども園園児指導要録（最終学年の指導等に関する記録）

ふりがな		年度
氏名		（学年の重点）
年　月　日生	指導の重点等	
性別		（個人の重点）

ねらい
（発達を捉える視点）

健康	明るく伸び伸びと行動し、充実感を味わう。
	自分の体を十分に動かし、進んで運動しようとする。
	健康、安全な生活に必要な習慣や態度を身に付け、見通しをもって行動する。
人間関係	幼保連携型認定こども園の生活を楽しみ、自分の力で行動することの充実感を味わう。
	身近な人と親しみ、関わりを深め、工夫したり、協力したりして一緒に活動する楽しさを味わい、愛情や信頼感をもつ。
	社会生活における望ましい習慣や態度を身に付ける。
環境	身近な環境に親しみ、自然と触れ合う中で様々な事象に興味や関心をもつ。
	身近な環境に自分から関わり、発見を楽しんだり、考えたりし、それを生活に取り入れようとする。
	身近な事象を見たり、考えたり、扱ったりする中で、物の性質や数量、文字などに対する感覚を豊かにする。
言葉	自分の気持ちを言葉で表現する楽しさを味わう。
	人の言葉や話などをよく聞き、自分の経験したことや考えたことを話し、伝え合う喜びを味わう。
	日常生活に必要な言葉が分かるようになるとともに、絵本や物語などに親しみ、言葉に対する感覚を豊かにし、先生や友達と心を通わせる。
表現	いろいろなものの美しさなどに対する豊かな感性をもつ。
	感じたことや考えたことを自分なりに表現して楽しむ。
	生活の中でイメージを豊かにし、様々な表現を楽しむ。

指導上参考となる事項

【最終学年の記録】

「幼児期の終わりまでに育ってほしい姿」を活用して総合的に記入します。

出欠状況		年度
	教育日数	
	出席日数	

※文部科学省・厚生労働省のフォーマットをもとに作成しています。

幼児期の終わりまでに育ってほしい姿

「幼児期の終わりまでに育ってほしい姿」は、幼保連携型認定こども園教育・保育要領第2章に示すねらい及び内容に基づいて、各園で、幼児期にふさわしい遊びや生活を積み重ねることにより、幼保連携型認定こども園の教育及び保育において育みたい資質・能力が育まれている園児の具体的な姿であり、特に5歳児後半に見られるようになる姿である。「幼児期の終わりまでに育ってほしい姿」は、とりわけ園児の自発的な活動としての遊びを通して、一人一人の発達の特性に応じて、これらの姿が育っていくものであり、全ての園児に同じように見られるものではないことに留意すること。

ア	健康な心と体	幼保連携型認定こども園における生活の中で、充実感をもって自分のやりたいことに向かって心と体を十分に働かせ、見通しをもって行動し、自ら健康で安全な生活をつくり出すようになる。
イ	自立心	身近な環境に主体的に関わり様々な活動を楽しむ中で、しなければならないことを自覚し、自分の力で行うために考えたり、工夫したりしながら、諦めずにやり遂げることで達成感を味わい、自信をもって行動するようになる。
ウ	協同性	友達と関わる中で、互いの思いや考えなどを共有し、共通の目的の実現に向けて、考えたり、工夫したり、協力したりし、充実感をもってやり遂げるようになる。
エ	道徳性・規範意識の芽生え	友達と様々な体験を重ねる中で、してよいことや悪いことが分かり、自分の行動を振り返ったり、友達の気持ちに共感したりし、相手の立場に立って行動するようになる。また、きまりを守る必要性が分かり、自分の気持ちを調整し、友達と折り合いを付けながら、きまりをつくったり、守ったりするようになる。
オ	社会生活との関わり	家族を大切にしようとする気持ちをもつとともに、地域の身近な人と触れ合う中で、人との様々な関わり方に気付き、相手の気持ちを考えて関わり、自分が役に立つ喜びを感じ、地域に親しみをもつようになる。また、幼保連携型認定こども園内外の様々な環境に関わる中で、遊びや生活に必要な情報を取り入れ、情報に基づき判断したり、情報を伝え合ったり、活用したりするなど、情報を役立てながら活動するようになるとともに、公共の施設を大切に利用するなどして、社会とのつながりなどを意識するようになる。
カ	思考力の芽生え	身近な事象に積極的に関わる中で、物の性質や仕組みなどを感じ取ったり、気付いたりし、考えたり、予想したり、工夫したりするなど、多様な関わりを楽しむようになる。また、友達の様々な考えに触れる中で、自分と異なる考えがあることに気付き、自ら判断したり、考え直したりするなど、新しい考えを生み出す喜びを味わいながら、自分の考えをよりよいものにするようになる。
キ	自然との関わり・生命尊重	自然に触れて感動する体験を通して、自然の変化などを感じ取り、好奇心や探究心をもって考え言葉などで表現しながら、身近な事象への関心が高まるとともに、自然への愛情や畏敬の念をもつようになる。また、身近な動植物に心を動かされる中で、生命の不思議さや尊さに気付き、身近な動植物への接し方を考え、命あるものとしていたわり、大切にする気持ちをもって関わるようになる。
ク	数量や図形、標識や文字などへの関心・感覚	遊びや生活の中で、数量や図形、標識や文字などに親しむ体験を重ねたり、標識や文字の役割に気付いたりし、自らの必要感に基づきこれらを活用し、興味や関心、感覚をもつようになる。
ケ	言葉による伝え合い	保育教諭や友達と心を通わせる中で、絵本や物語などに親しみながら、豊かな言葉や表現を身に付け、経験したことや考えたことなどを言葉で伝えたり、相手の話を注意して聞いたりし、言葉による伝え合いを楽しむようになる。
コ	豊かな感性と表現	心を動かす出来事などに触れ感性を働かせる中で、様々な素材の特徴や表現の仕方などに気付き、感じたことや考えたことを自分で表現したり、友達同士で表現する過程を楽しんだりし、表現する喜びを味わい、意欲をもつようになる。

認定こども園園児指導要録文例集
育ち・健康等に関する記録

「指導等に関する記録」の【特に配慮すべき事項】と【満3歳未満の園児に関する記録】では、園児の指導上留意が必要な育ちや、健康・家庭に関する配慮事項を記入します。

「特に配慮すべき事項」文例

カゼをひきやすい
冬場に限らずカゼをひきやすく、欠席が多い。身体的に虚弱ではないと思われるので、うがいと手洗いを楽しくできるように援助した。

食物アレルギーがある
卵、そばに食物アレルギーがある。検査の結果、卵は問題なしとわかり、そばだけになった。除去食を続けている。

メガネ使用になる
視力検査で右0.8、左1.2とわかり、眼科で治療中だが、左右の視力差が大きいため、メガネ着用になることも考えられる。

やや肥満気味に
体重が平均と比較すると多く、肥満の傾向がある。バランスのよい食事やスナック菓子のセーブなど、保護者の協力を考えてもよいと思われる。

けいれんを起こす
熱性けいれんを起こすため、注意が必要。1歳10か月のとき、家で高熱のため発作を起こした。37.5度以上の熱のときは、すみやかに家族と連絡をとった。

「満3歳未満の園児に関する記録」文例

祖母の愛情がカギ 〔女児〕
0歳：父親、祖母の家族構成で、0歳より入園。慎重な性格で、着実に経験を積み重ねていき、順調な発達が見られる。

優しい泣き虫 〔男児〕
1歳：優しく大人しい性格で、おもちゃを取られると取り返せず、ただ泣くばかりであった。やがて、自分で他のあそびを見つけることができるようになった。

一人っ子のダダっ子 〔男児〕
1歳：自営業の父母、祖母の4人家族。一人っ子のためか自分の思い通りにならないと、ダダをこねて暴れた。さまざまな体験を重ねるうちに安定しつつある。

末っ子の甘えん坊 〔女児〕
2歳：3人姉妹の末っ子のため、甘えん坊の面があるが、園では安定した発達と、生活習慣の自立が見られる。きちんと文具を整理するなど、几帳面さも感じられる。

運動面での遅れを援助 〔男児〕
2歳：運動面での発達の遅れが見られ、保護者と相談し保育者が本児と1対1の関わりの中で、遊びながら体を動かすことを援助した。

父親の転勤で転入園 〔女児〕
2歳：父親の転勤のため転入園。当初は母親と離れられず、保育者に対して接触を拒むなど新しい環境にとまどっていた。友だちができるように援助すると、遊ぶ楽しさに目覚め笑顔が増えた。

3歳児 「指導等に関する記録」文例集

幼保連携型認定こども園園児指導要録「指導等に関する記録」の3歳児の文例です。
日々の記録を振り返りながら、1年間の指導の過程と園児の発達の姿について記入します。

学年の重点

- 他の子どもたちとの関係を深め、一緒に生活をすることを楽しむ。
- クラスの友だちの気持ちを理解して、一緒に考え、相手を思いやって行動する。
- 食事や衣類の着脱など、できるだけ一人で行い、そのことを誇りにして、自分のできることを広げていく。
- 自分の意思で生活を展開し、考えを持って判断、行動できるよう、生活習慣が自立する。
- いろいろな運動やあそびを楽しみ、健康な体作りを進め、身体の感覚が高まる。
- 走る、投げるなど基礎的な運動能力を磨き、友だちと一緒に元気に遊び、体を思い通りスムーズに動かす。
- 友だちや保育者と「おはよう」「ありがとう」と言葉のやり取りを交わし、会話による触れ合いを楽しむ。
- 普段の会話を楽しみ、豊かな表現と語彙を身につけ、身の回りや自然に知的興味を深める。
- 友だちと分かち合ったり、順番に使うなど他者との関わりをとおして、生活する力が身につく。
- 人の話を理解し、予想や期待感を働かせて自分なりの行動をする。
- 絵本やお話を楽しみ、登場人物に感情移入してあそびや会話に発展させることができる。

個人の重点

- 身近な友だちを作り、一緒に屋外あそびやごっこあそびを楽しむ。
- 一生懸命に走ったり、みんなと全身を使って遊べるように運動を十分にする。
- 保育者や新しい友だちと積極的に関わり、自分の気持ちや思いを伝える。
- 水あそびや泥あそびなど、友だちと身近な自然に親しみ、仲よく安心して遊ぶ。
- 好きなあそびを十分に楽しんだ後、友だちや保育者と一緒に後片づけを行う。
- 友だちのしたいことや好きな物、嫌いなことなど、相手の思いや気持ちに気づく。
- 保育者から離れて、友だちと遊んだり、自然を観察するなど安心して楽しむ。
- 順番を守り、友だちが遊んでいる物を持っていったりしないで、約束や決まりを守るようになる。
- 知らないことや見たことのないものに興味を示し、自分から積極的に関わる。
- 自分のしてほしいことや、思ったことを友だちや保育者に、自分の言葉で伝える。

148

指導上参考となる事項

3歳児の育ちと保育者の援助を、日頃の記録をもとに具体的に記入します。

[養護]
人見知りをする子
初対面のおとなや子どもに、緊張しておどおどとして、積極的に関わろうとしない。そばにいる保育者にスキンシップを求め、十分に受け入れられると安定する。初対面の人と一緒にいる時間を増やし、緊張をほぐすようにした。

[人間関係+健康]
食べることに無関心な子
小食で、給食もおやつも残してしまうことが多かったので、個人差も考慮しながら「ちょっとにしたから、みんな食べようね」と語りかけた。「見て！ 全部食べたよ！」と、達成感を感じたことで少し改善が見られた。4歳児クラスでも盛りつけなどを工夫したいと思う。

[人間関係+環境]
3歳でおむつが取れない
今年入園した本児は、他の子に比べおしっこに行く回数が1日10回以上と多かった。緊張やストレスも考えられるが、ちゃんとおしっこが出ているかを確認し、保護者とも話し合った結果、様子を見ながら行きたいときに行かせることにした。あそびに夢中なときはあまりトイレに行かないため、興味を持続させることを目指す。

[人間関係+言語]
思いを言葉にできず怒る子
相手の子の肩を噛んで泣かせてしまったが、噛まれた子に聞くと、置いてあった本児のバケツをだまって使っていたらしい。噛まれた子と一緒に謝りの言葉をかけるが、本児は納得がいかないようだった。今後は、怒ったと感じたらまず言葉にして伝えること、思いやる気持ちを持てるように援助していきたい。

[人間関係+健康]
愛着物を持ってくる子
好きなキャラクターのバスタオルを、入園時から手放さず毎日持ってきていた。他の子には「○ちゃんはこのバスタオルが大好きなんだって」と話して、ごく自然に認めて接することで、問題にはならなかった。園生活に慣れ、愛着物に頼らなくてもよくなるように、友だちと会話を増やしたり、スキンシップを図るなど援助した結果、バスタオルを持ってくる日が減少している。

[環境+言語]
関心がいっぱいでいじわるする
「○○ちゃん嫌い」と言うのでわけを聞くと、本児にいじわるをするからだと言う。相手の子の様子を見ると、本児に興味を持っているようだった。相手の気持ちを感じる前に、自分の関心が先行してしまう子の幼児性も考慮して、その子と一緒に仲よく遊んでほしいと「仲間に入れて」と言葉をかけた。無事仲間入りでき、その子との距離が少し近くなったと思われる。

[環境+言語]
名前を覚え色彩に興味
色水あそびや絵を描くときに、積極的にいろいろな方法を試している。赤い水に青を足して、「変な色になった！」と友だちに見せて喜んでいた。色の名前を覚え、たくさんの色を使い表現することを楽しんでいる。緑色と黄緑色の違いを、クレヨンや36色の色鉛筆から見つけて「こっちの緑が明るい」など色彩への興味も深めている。

[環境+表現]
得意なあそびで表現する
工作あそびのとき、得意の紙粘土で小さなおだんごをいくつも作り出した。友だちが興味を持って同様に作り始めると「おだんご屋さんだよ」と、お店屋さんごっこに進展した。他の児童がお客さん役になって来ると、紙を巻いて海苔だんごにするなど、自分なりの表現を使いごっこあそびを十分に満喫した。

[環境+健康]
小柄だけど活発な子に
入園時は体がやや小さくひ弱な印象だったが、外あそびが好きで人一倍元気に走りまわり運動するうちに、かなりたくましくなった。家庭では小さい子扱いされてきたためか、少し引っ込み思案だった性格まで、明るく積極的になって心身の成長が感じられる。

4歳児 「指導等に関する記録」文例集

幼保連携型認定こども園園児指導要録「指導等に関する記録」の4歳児の文例です。
3歳児から連動させるように注意しましょう。

学年の重点

- 新しい保育者や友だちとも、不自由なく日常会話をし人間関係の広がりを楽しみ、つながりを認識する。
- 友だちと同じあそびを楽しみながら、触れ合いを深め、お互いの思いや考えを話す。
- 図形や絵をまねて描いて遊び、自分の描きたいものを意欲的に表現する。
- 好きな絵本の場面や登場人物の言葉を覚え、友だちに暗唱するなど、自分なりの表現を楽しむ。
- 楽器操作や片足跳び、ダンスなど、体を自分の思い通りに使って、活動的なあそびを行う。
- あそびをとおして身近な自然や、関わりのある出来事などに興味を持ち、それを日常生活に取り込む。
- あそびや生活の中で、友だちや保育者の思いを受け止め、みんなが楽しくできる大切さに気づく。
- あそびや生活に必要なルールや約束を理解し、自分のわがままや願望をセーブし、みんなと自然に暮らす。
- 問いかけに対して友だちと相談して、自分の考えや思いを述べて会話を進める。
- 他の人の感謝や思いやりに気づき、自分以外の人に対して理解やいたわりを意識する。
- 絵本やお話を楽しみ、登場人物の感情や思いを理解して、それを伝えようとする。

個人の重点

- 自分の考えや思いを、友だちや保育者に話してお互いにコミュニケーションを楽しむ。
- 運動やヒーローごっこで、自分のイメージを固めて全身でなりきって遊ぶ。
- すべり台やブランコなど、さまざまな運動を自分の体をバランスよく動かして楽しむ。
- 友だちと身近な自然に親しみ、その発見や感動を一緒に分かち合う。
- 保育者の支援を受けながら、自分のやりたかったあそびに挑戦して十分に楽しむ。
- 他の人にも、それぞれしたいことや好きな物、嫌いなことなどがあることに気づく。
- 基本的な生活習慣をしっかりと身につけ、自分のことは自分で行うようにする。
- 順番や約束など決まりを守り、友だちと仲よく運動やごっこあそびを楽しむ。
- 自分の思いや考えを、自分の言葉で友だちや保育者に正しく伝える。
- 感じたこと、想像したことを発展させ、自分の思いのままを絵や工作で表現する。

指導上参考となる事項

4歳児の育ちと保育者の援助を、日頃の記録をもとに具体的に記入します。

[養護]
はしが使えない
はしが上手に持てず、本人もイライラしていた。初めはスプーンと併用し、栄養士とも相談してはしのほうが食べやすいメニューも入れてもらい、だんだんとはし遣いが上達している。

[養護]
間違えると不安
忘れ物や手順を間違えると、不安のあまり立ちすくむような姿がときどき見られる。不安な気持ちを受け止めるように援助し、間違えたら次に何をすればいいのかを、寄り添ってともに考えると、前向きな姿勢になってきた。

[人間関係+環境]
心を開かない子にサインを
4歳3か月で入園してきたが、保育者に対して目を合わせず、話しかけてもそっぽを向く。前の園と違う新しい環境に、強い緊張感を抱いているようだ。さりげないスキンシップと、遊んでいる姿を見守り続けることで、「ずっと見守っているわよ」というサインを送った。あせらずに距離を縮めていき、しばらくすると安心して自分を出してくるようになった。

[人間関係+健康]
すべてのんびりやの子
自営業の家庭に育ち、のんびりやで登園も遅くなることが多く、途中から参加するため、あそびも友だちと十分にできないことがある。本人は急いでいるようなので、保護者にも叱るのではなく、早めの登園への調整をお願いした。本人と家族の努力で改善されつつあるが、寒い冬の日にはまだ遅くなることがあるので、励まして自信を持たせる必要がある。

[人間関係+健康]
爪を噛むクセがある子
何もすることがないと、いつも爪を噛むクセがある。寂しさや心配事がストレスになっていると思われ、さりげなくスキンシップを図り安心できるようにした。保護者とも相談して、同じように体の触れ合いや指あそびをするなど援助した結果、爪を噛む回数が減少した。

[環境+言語]
思っていることを言わない子
普段からあまりおしゃべりではないが、「あのね、アリさんがたまごを運んでいたよ。お引っ越しかな」と、ボソリとつぶやいた。「あらホント、お引っ越ししてるんだ」と返事をしたら、うれしそうに次から話しかけてくるようになった。無口なことが気になっていたが、これからも思いをくみ取って会話を続けていきたい。

[環境+健康]
好き嫌いなく食べられる
少しでもニンジンが入っていると、食が進まなくなるので、細かくしたり、すりおろして入れるなど調理を工夫し盛りつけも考えた。友だちと一緒に食べているとき、「おいしいよ」という声に押されて、一口食べることができた。「よかったね」とほめられたことがうれしく、その後は徐々にニンジンが食べられるようになった。

[環境+言語]
特定の子としか遊ばない子
慣れている子としか遊ばないわけではないが、他の子に声をかけて遊ぶことはあまりない。「いつも一緒に遊べるお友だちがいていいわね」と話しかけ本児の姿を肯定し、「一緒に仲間に入れてくれてありがとう」と周りの子にも認めてあげた。このことで本児も他の子どもも「友だちに声をかけて仲よく遊ぶことは大切なんだ」と認識し、信頼と安心感が生まれたようである。

[表現]
手先が器用で工作好き
発泡トレーで器用に帆を立てた舟を作り、人形を乗せて色をぬり仕上げた。いつも工作のときは集中力を発揮し、他の子どもが話しかけても、一つ一つていねいに作り気をそらさない。その後、みんなで舟を浮かべ水あそびをして、十分に満足していた。想像力、感性も豊かなので、それを伸ばしていきたいと思う。

第5章 認定こども園園児指導要録の書き方 4歳児・文例集

5歳児 「指導等に関する記録」文例集

幼保連携型認定こども園園児指導要録「指導等に関する記録」の5歳児の文例です。
最終年度の育ちを、過去の保育とリンクさせて正確に記しましょう。

学年の重点

- 跳び箱やうんていなど、全身を素早く動かしたり、竹馬などバランスを取って上手に遊ぶ。
- 家族や人との関わりの中で、自分の役割を考えながら自信を持って活動する。
- 自分のできることに自信を持ち、誇りを自覚し、人に役立つことを積極的に行う。
- 先を見越して計画を立て、友だちと一緒に目的を持った行動をする。
- いろいろな年齢の児童との交流を深め、積極的に小さな子に関わり面倒をみる。
- 身近な自然や環境に親しみ、それを生活やあそびに取り入れて楽しく過ごす。
- 友だちに自分の思いや考えを言葉で伝え、会話をとおして相手の話を聞いて理解する。
- 経験したことや印象に残ったことを、相手に分かるように自分の言葉で正しく伝える。
- 普段の生活や身近な自然で分からないことを、自分で調べたり試すなどして、知的好奇心を発揮する。
- 友だちと自分の考えや思いを語り合い、協同で一つのことを進める楽しさを味わう。
- 他の人の考えや気持ちを想像し、自分以外の人に対して理解を示し関わりを深めていく。
- 自分たちのトラブルに対し、保育者の意見やヒントを得ながら自力で解決するよう努力する。

個人の重点

- 苦手な運動を「やってみよう」という挑戦する心が育ち、いろいろな動きが楽しめるようになる。
- スケーターやすべり台の順番を守り、みんなで交代しながら十分に楽しむ。
- 絵や粘土など、始めたら最後まであきらめずに取り組み、達成感と満足感を味わう。
- 園や周辺の身近な自然に親しみ、発見や感動を友だちや保育者に分かるように伝える。
- 手指を上手に使って、手あそびや折り紙あそびを楽しみ、達成感を得る。
- 友だちのしたいことや好きな物、してもらいたくないこと、嫌いな物などを察して接する。
- 日常の生活態度をしっかりと身につけ、自分のことはできるだけ自分で行う。
- 順番や約束など決まりを守り、友だちと連帯感を深めながら遊ぶ。
- 順番を守り、友だちが遊んでいる物を持っていったりしないで、約束や決まりを守るようになる。
- 自分の思いや考えを、友だちのまねでなく、周囲の声に惑わされず自分の言葉で伸び伸びと表す。
- 小さな子に教えるときに、手を取って教える、お手本を見せるなど、間接的な教え方ができる。

指導上参考となる事項

「幼児期の終わりまでに育ってほしい姿(10の姿)」も活用して記入します。

[養護]
一番にこだわる
食事でもあそびでも、一番にこだわるあまり、負けると泣いたり、他の子どもともめたりする。関わりの中で負けてもよいこと、努力することが大切なことが分かるように援助している。

[人間関係+健康]
当番活動に燃える子
給食の献立を読み上げる係になって、あこがれていた当番活動に大張りきり。最初はモゴモゴと言っていたが、日を重ねるうちに上手に読み上げられるようになった。みんなの役に立つ喜びと晴れがましさ、協同して役を完遂した達成感に顔が輝いている。遅れた日には、当番同士で役割を話し合う姿も見られた。
【該当する10の姿―イ自立心、ウ協同性】

[人間関係+表現]
興味を持って取り組む
友だちのたこが高く揚がるのに感心し、たこ足の長さについて興味深げに聞いていた。自分のたこ足を友だちの張り物と同じようにつけるなど、熱心に取り組み、ヒモの張りぐあいを教えてもらい、さらに思考して工夫を重ね、うまく揚がるようになった。興味や関心を持った物に疑問を持ち、積極的に意見や知識を聞き、自分の物を表現する姿が見られた。
【該当する10の姿―カ思考力の芽生え、コ豊かな感性と表現】

[人間関係+環境]
あがって話せなくなる子
普段は楽しくおしゃべりができるが、あがり症なのか、発表会などで大勢の人の前に出ると、もじもじして言葉を発せられない。本児に合った無理のない役割なのかを検討し、遊びながら自然と役割が果たせるようにした。また、不用意に励ましたりあおったりせず、自らその役割を楽しみ、演じる興味を持てるように少しずつ準備に変化をつけた。その結果、役割をあそびの一環として、無理のない表現ができるようになった。
【該当する10の姿―ア健康な心と体、コ豊かな感性と表現】

[環境+言語]
「場面かん黙」を疑うことも
日頃からとても無口で、何とか話をしようと試みるが、なかなか口を開かない。聴覚や発達には異常がないので、毎日やさしく気軽に話しかけるようにする。保護者に聞くと、家でもあまり話さないというので「場面かん黙」ではないと推測される。本児の心に寄り添い、園でみんなと一緒にいる喜び、会話の楽しさを伝える。
【該当する10の姿―ア健康な心と体、ケ言葉による伝え合い】

[人間関係+健康]
全身でサッカーを楽しむ
体が比較的小さく全身運動に消極的だったが、サッカーで他の児童と体をぶつけ合って走るうちに、満足感と自信が生まれた。友だちや保育者の声援に喜び、全力を出してボールを追いかけるようになった。他の運動にも積極的に取り組み、体力もかなり向上した。
【該当する10の姿―ア健康な心と体、ウ協同性】

[人間関係+言語]
受け入れてくれる人が好き
ニコニコと愛想がよく優しいので、友だちも多い。自分の思いや行動を受け入れてくれる児童には、べったりするほど好意を見せる。一方で、近所で一緒に登園するほど関わりが深くても、自分を認めてくれない児童には、自己中心的ともいえるほど、素っ気ない態度で接する。友だちの思いを想像する力を身につけるようにする。
【該当する10の姿―エ道徳性・規範意識の芽生え】

[表現]
ふざけすぎのムードメーカー
変なしぐさや発言で、周囲を笑わせるムードメーカーで、クラスが明るく和やかになるが、ふざけすぎて他の児童も巻き込み進行に支障が出ることもあった。どうすればみんなに迷惑をかけずに、楽しく遊べるかを本人に聞くと、その後はムードメーカーに変わりはないが、場の雰囲気に合わせられるようになった。
【該当する10の姿―カ思考力の芽生え、コ豊かな感性と表現】

園児指導要録 記入例 1
相手の子を叩いてしまう子

リカちゃんのデータ
2歳で入園。父親（46歳）、母親（40歳）と兄（7歳）、本児、妹（2歳）の5人家族。建築関係の自営業のため、両親とも多忙。

❶ 個人の重点は保育者の目標となる
感情的になってしまいがちな園児に対して、どのような配慮や支援をしてきたかを書きます。

❷ 養護に関わる事項についても書く
「思いが相手に伝わらないとイライラする」といった園児の特徴が、年を重ねる毎にどう変化していったのか、順を追って書きます。

❸ 園児の健康状態等について書く
園児の健康の状況、指導上特記すべき事項があれば記入します。

❹ 3歳未満児の記録を年度ごとに記入する
園児の育ちに関わる事項として、園児の健康状態等も含め簡潔に記入します。

ふりがな	なるみ りか		性別	指導の重点等	○年度（3歳）
氏名	成美　リカ		女		（学年の重点） ・園生活を楽しみ、保育者や友だちといろいろな体験を仲よく共有することを喜びとする。
	○年　1月　20日生				（個人の重点）❶ ・思い通りにならないとき、他の子を叩いたりしないで保育者に話そうとする。

	ねらい（発達を捉える視点）	指導上参考となる事項	
健康	明るく伸び伸びと行動し、充実感を味わう。		・きょうだいがいるためか、初対面の児童や保育者とも積極的に交わりを持つ。自分の気持ちを素直に表すことが不得手で、思いが相手に伝わらないとイライラする。❷ ・入園時から生活面では、兄や父母の様子を見ていたためか、身支度やトイレができるなどおおむね自立している。 ・散歩に行くとき、積極的に友だちの手をにぎりながら歩く。友だちとの交流や保育者との触れ合いを好み、お店ごっこあそびなどでも、進んで役について楽しむ。 ・鬼ごっこで捕まっても、逃げることをやめなかったり、他のあそびで負けると怒ったりするなど、自分の嫌な感情を抑えきれずに他にぶつける姿が見られる。ルールを守ることで楽しく遊べることを説明し、感情の高まりを見て一時あそびから離脱するなどするうちに、本児も理解するようになった。 ・園庭でアリなどを見つけると、ジッと観察し保育者に質問をすることが多い。好奇心が旺盛で、問いかけを楽しんでいる。できるだけ質問に答えてあげられるようにし、興味対象を広げていく。
	自分の体を十分に動かし、進んで運動しようとする。		
	健康、安全な生活に必要な習慣や態度を身に付け、見通しをもって行動する。		
人間関係	幼保連携型認定こども園の生活を楽しみ、自分の力で行動することの充実感を味わう。		
	身近な人と親しみ、関わりを深め、工夫したり、協力したりして一緒に活動する楽しさを味わい、愛情や信頼感をもつ。		
	社会生活における望ましい習慣や態度を身に付ける。		
環境	身近な環境に親しみ、自然と触れ合う中で様々な事象に興味や関心をもつ。		
	身近な環境に自分から関わり、発見を楽しんだり、考えたりし、それを生活に取り入れようとする。		
	身近な事象を見たり、考えたり、扱ったりする中で、物の性質や数量、文字などに対する感覚を豊かにする。		
言葉	自分の気持ちを言葉で表現する楽しさを味わう。		
	人の言葉や話などをよく聞き、自分の経験したことや考えたことを話し、伝え合う喜びを味わう。		
	日常生活に必要な言葉が分かるようになるとともに、絵本や物語などに親しみ、言葉に対する感覚を豊かにし、保育教諭等や友達と心を通わせる。		
表現	いろいろなものの美しさなどに対する豊かな感性をもつ。		
	感じたことや考えたことを自分なりに表現して楽しむ。		
	生活の中でイメージを豊かにし、様々な表現を楽しむ。		（特に配慮すべき事項）❸ 風邪をひきやすい体質で、年に何度か発熱し気管支が少し弱いと保護者より聞いている。

出欠状況		○年度	○年度	○年度
	教育日数	224	221	215
	出席日数	215	210	213

【満3歳未満の園児に関する記録】

園児の育ちに関する事項	○年度（2歳）	年度
	5人家族の3きょうだいの長女。生活習慣は完成し、経験も積んでいるが、少しきかん気が強い面もある。入園時は気持ちを抑えられなかったが、だんだんコントロールができるようになった。❹	

154

● 保育者が伝えたいこと ●

3人きょうだいの真ん中のリカちゃんは、嫌なことや自分の思い通りにならないと、口で言うより先に関わった他の子をぶつことがありました。保育者や保護者が思いを受け止めることで、次第に自分をコントロールできるようになりました。単に乱暴な子というイメージだけが小学校に伝わらないように、他のよい点も記述しました。

○年度（4歳）	○年度（5歳）	幼児期の終わりまでに育ってほしい姿（10の姿）	
（学年の重点） ・園や周辺で身近な自然に関わりながら、季節の変化や動植物の生長に気づき、豊かな感情を育む。	（学年の重点） ・自分の思いや考えを友だちと伝え合い、協力して意欲的にあそびや園生活を送る大切さを理解する。	ア 健康な心と体	
（個人の重点） ・トラブルが起きても騒がず、友だちや保育者に相談して、どのように対処したらいいかを考えて行動する。	（個人の重点） ・気の合う友だちと、自分の思いや考えを伝え合いながら、たくさんのあそびや運動をする楽しみを知る。	イ 自立心	
・自分の思い通りにすることを強く望むため、トラブルになることもある。いろいろな児童と関わりを持ち、他の人にも嫌なことやうれしいことがあるのを知ったようである。	・心身ともに順調に発育していて、きかん気によるトラブルも減少した。自分なりの世界を持ち、絵本等を楽しみ、小さな子に聞かせるなど面倒みのよさも芽生えてきている。	ウ 協同性	
・自分の思い通りにならないと、大きな声で泣き続ける。本児の思いを受け止めて、自分から気持ちを切り替えられるように、根気強く見守っていくと、徐々に安定して気持ちを抑えられるようになった。 ❺	・自分から進んでハムスター係になり、毎日飼育ケースの掃除やエサやりを行っている。1匹が死んだときは、すぐに死を理解できなかったが、絵本を見せるなど本児なりに整理し、ハムスターの死を受け入れられた。……(1)	エ 道徳性・規範意識の芽生え	
・自分の使っていた物を取られたことから口論となり、泣きながら相手の子を激しく叩いたことがあった。当事者双方に状況や理由を尋ね、叩いた本児の思いを受け入れて話を聞いた後、双方で謝り仲直りできた。自分の思いを言葉で表すことはまだ未熟である。	・まだ少し感情の起伏が激しいところも見受けられるが、気持ちのコントロールができるようになった。してよいこと、悪いことの判断もつくようになり、自主的に行動ができる。また、仲よしの友だちが困っているときには、その思いを代弁してあげるなど、他の児童ともやさしく関わることができる。……(2)	オ 社会生活との関わり	
・花や動物が好きで、絵本や読み聞かせでもそれらが登場する話を頼んでくる。絵本はストーリーを覚えていて、友だちに説明するなど積極的に交わっていく姿が見られる。	・小学生の兄の影響もあり、文字が読めるようになり絵本を大きな声で読みあげたり、小さな子に読んであげたりする。また、自分の考えたお話をするなど、絵本で得た世界を自分なりにふくらませ創作して楽しんでいる。想像力が豊かで工作などでは、意外な物を組み合わせるなど、さまざまな素材を用いて、最後まで自分の満足する作品を作り上げようと努力する。……(3) ❼	カ 思考力の芽生え	
・遠足の動物園で見たゾウを表現するあそびで、ゾウになりきって他の児童と一緒に手を鼻にし、水浴びや食事のまねを楽しむ。イメージを、体を使って的確に表現する力が優れている。 ❻		キ 自然との関わり・生命尊重	
		ク 数量や図形、標識や文字などへの関心・感覚	
		ケ 言葉による伝え合い	
（特に配慮すべき事項） 気管支は医師によると心配ないとのことで、風邪予防のうがいと手洗いの励行を言い聞かせる。	（特に配慮すべき事項） 成長につれ体質が強くなり、あまり風邪をひかなくなった。	コ 豊かな感性と表現	

年度	年度

❺ 必要な関わりと成長をあわせて書く

「思い通りにならないと泣き続ける」といった園児の訴えに対し、どういった配慮や支援が必要なのか。また、その関わりを受けて園児がどう成長していったのかを記入します。

❻ 園児の興味・関心を成長へとつなげる

園児の好奇心旺盛で観察力がすぐれている様子や関心事を書くことは、小学校でのさらなる学習意欲につながります。

❼ 最終学年の記録は小学校へとつなげる

最終学年については、小学校における児童の指導に生かされるよう、「幼児期の終わりまでに育ってほしい姿」を活用し、具体的なエピソード等も織り交ぜてわかりやすく記入します。

(1)…園児の自主性や生命の大切さに触れたことが具体的にわかりやすく書かれています。
【該当する10の姿ーイ、キ】

(2)…他者との関わりについて、欠点だけではなく、長所も拾い上げています。
【該当する10の姿ーエ、オ、ケ】

(3)…園児の文字に対する関心度、思考力、豊かな感性までをまとめて書き、今後期待される方向性を示しています。
【該当する10の姿ーカ、ク、コ】

第5章 認定こども園園児指導要録の書き方 記入例1

園児指導要録 記入例 2　やせて虚弱だった子

新太くんのデータ
3歳で入園。離婚した母親（30歳）と、その祖父母と暮らす。母親は看護師のため夜勤も多い。

❶ 子どもに必要なことはそれぞれ違う
この子どもに必要なのは人との交流といったように的を絞り、必要な配慮や支援を重点事項とします。

❷ 家庭環境や生育をまとめて記載する
3年間の子どもの成長の流れがすぐわかるように、できるだけ簡潔にまとめます。

❸ 保育者の支援が小学校の参考に
その子どもが苦手とすることに対して、保育者がどのように配慮や支援を行い、子どもがどう変化していったかが分かると、引き継ぎの参考になります。

❹ 事実だけを述べ、憶測は書かない
「転びやすい」のは、明らかに「体のバランスがうまく取れていない」からなのか、保育者の憶測で書かないようにしましょう。

ふりがな	おがわ　あらた	性別
氏名	小川　新太	男

○年　11月　18日生

ねらい（発達を捉える視点）

領域	ねらい
健康	明るく伸び伸びと行動し、充実感を味わう。
	自分の体を十分に動かし、進んで運動しようとする。
	健康、安全な生活に必要な習慣や態度を身に付け、見通しをもって行動する。
人間関係	幼保連携型認定こども園の生活を楽しみ、自分の力で行動することの充実感を味わう。
	身近な人と親しみ、関わりを深め、工夫したり、協力したりして一緒に活動する楽しさを味わい、愛情や信頼感をもつ。
	社会生活における望ましい習慣や態度を身に付ける。
環境	身近な環境に親しみ、自然と触れ合う中で様々な事象に興味や関心をもつ。
	身近な環境に自分から関わり、発見を楽しんだり、考えたりし、それを生活に取り入れようとする。
	身近な事象を見たり、考えたり、扱ったりする中で、物の性質や数量、文字などに対する感覚を豊かにする。
言葉	自分の気持ちを言葉で表現する楽しさを味わう。
	人の言葉や話などをよく聞き、自分の経験したことや考えたことを話し、伝え合う喜びを味わう。
	日常生活に必要な言葉が分かるようになるとともに、絵本や物語などに親しみ、言葉に対する感覚を豊かにし、保育教諭等や友達と心を通わせる。
表現	いろいろなものの美しさなどに対する豊かな感性をもつ。
	感じたことや考えたことを自分なりに表現して楽しむ。
	生活の中でイメージを豊かにし、様々な表現を楽しむ。

出欠状況

	○年度	○年度	○年度
教育日数	224	221	215
出席日数	220	215	210

指導上参考となる事項

○年度（3歳）

（学年の重点）
・園生活を楽しみ、基本的な生活習慣をしっかり身につける。

（個人の重点）❶
・困ったことやしてほしいことを、素直に保育者や周囲のおとなに伝え、スッキリした気持ちになる。

・入園当初は母親と離れて不安になり、ウロウロと保育室の中を歩いていた。好きな車のおもちゃを与え、抱いて話しかけると徐々に打ち解けて、思いを口にするようになった。❷

・泣いて母親と離れられなかったが、保育者がスキンシップを図りながら笑顔で接するうちに、ウロウロすることもなくなった。

・片づけが嫌なため、片づけの時間になるとどこかに隠れてしまっていたが、あそびの楽しい要素を加えると、友だちと積極的に行うようになった。

・苦手な衣類の着脱を保育者に手伝ってもらうことが多かったが、声をかけながらゲームのようにすると進んで行うようになり、半年ほどで自分一人でできるようになった。

・転びやすいため、友だちの活発なあそびをじっと見ている姿があったが、保育者が一緒に見ながら仲間に入れてもらうタイミングを計り、子どもにお願いすると、抵抗なく受け入れてもらえた。❸

・他の子どもの前では、素直に自分の姿を出せなかった。相手の児童のことを教えると、警戒心をとき、伸び伸びとふるまうことができた。

（特に配慮すべき事項）❹
転びやすい。体のバランスがうまく取れていないので、お散歩のときはみんなと手をつなぐ必要がある。

【満3歳未満の園児に関する記録】

関する事項園児の育ちに	○年度（2歳）	年度

● 保育者が伝えたいこと ●

母親と祖父母と暮らす新太くんは、食が細い上に虚弱な子でした。しかし、園で十分なあそびと友だちとの交遊の中で、年長になるとリーダーシップをとる、活発な子どもに成長しました。ひとり親ややせっぽちだったハンディを乗り越えた新太くんの姿を、明るさが伝わるようにたくさんのエピソードをあげて記述しました。

○年度（4歳）	○年度（5歳）	幼児期の終わりまでに育ってほしい姿（10の姿）
（学年の重点） ・自分の思いや考えを的確に表現し、友だちと一緒に遊んだり食事をしたりする楽しさを知り、生活する喜びを味わう。	（学年の重点） ・目的に向かって自分なりに創意工夫しながら、いろいろな活動に積極的に取り組んで充実感を得る。	ア 健康な心と体
（個人の重点） ・保育者や友だちと会話しながら、食事を楽しい時間にする。	（個人の重点） ・気の合う友だちとさまざまな表現を楽しみ、意欲的に自分を表す。	イ 自立心
・園生活に慣れ友だちも増えている。ごっこあそびが好きで、熱中して終わった後も役に成りきるほどである。自分の思いを、友だちに伝えようと努力している姿が見られる。	・友だちのリーダーとなって自分の考えや思いを、正しく相手に伝える力を発揮している。また、他者を思いやる優しさがあり、小さい子の面倒をみている。	ウ 協同性
・食事中に、口の中に食べ物をたくさん入れたまま大きな声で話すため、口からこぼすことがあった。飲み込んでから話をすることを伝えると、友だちと会話を楽しみながらこぼさずに食事ができるようになった。	・乳歯が抜け始め、永久歯が伸びつつある。おとなに近づいたのがうれしくて、歯みがきのブラッシングがていねいになった。年長としての自覚が芽生え、小さな子が困っているとやさしく声をかけるなど、他者を思いやる姿が見られた……(1)	エ 道徳性・規範意識の芽生え
・キラキラのベルトをつけて、変身ヒーローになることが大好き。発泡トレーやペットボトルなどで、ヒーローのグッズを作る時間に用意すると、友だちとストーリーや用具を作ったり、自分で工夫して楽しむ想像力が育まれてきた。❺	・友だちの思いや意見を、じっと聞いてあげることができるようになった。トラブルが起きても、自分たちで解決する手段を探している様子がうかがえる。誰にでも思ったことや感じたことを伝えられるが、相手がどう思うかは、まだ察することができない。相手の気持ちを考えてから言ったほうがよいことを教えると、少しずつ相手の様子を見て、場の雰囲気がつかめるようになった。……(2)	オ 社会生活との関わり
・衣類の着脱や歯みがき、手洗いなど、基本的な生活習慣はほぼできるようになった。		カ 思考力の芽生え
・名前を呼ぶと、呼ばれたほうを見るがすぐに返事をしないことが多い。引っ込み思案な面もあり、呼ばれたら元気よく「はい！」と返事をすると、気持ちよく話ができることを伝える。 小さな声でも返事を始め、ほめると自信を持ち、だんだん大きな声で返事ができるようになった。	・自分たちで園庭に植えたトマトの成長に興味津々で、毎日友だちと水やりを続けた。夏の収穫では、感動しみんなで大喜びしていた。また、絵本作りでは、好きな変身ヒーローを細かく、ていねいに描いていた。お話作りを楽しみ、作品を見てもらうことで充実感を味わっていた。……(3)	キ 自然との関わり・生命尊重
・意外な歌をよく知っていて、話を聞いた後連想して口ずさむ。保育者が楽しく聞いて拍手したり、友だちに教えると本児も喜んで歌っている。❻		ク 数量や図形、標識や文字などへの関心・感覚
	❼	ケ 言葉による伝え合い
（特に配慮すべき事項） 食が細く標準より少しやせているが、医師の診断では格別に異常もなく治療は不要とのことだった。	（特に配慮すべき事項） ここ1年で心身ともに成長し、体格は園でも上位に入るほど健康体となった。	コ 豊かな感性と表現

年度	年度

第5章 認定こども園園児指導要録の書き方 記入例2

✎❺ 成長の証しはできるだけ具体的に

好きな変身ヒーローのグッズ作りや友だちとのストーリー作りが、想像力を育むことにつながったなど、好きな物が能力向上へとつながる情報を提供します。

✎❻ 長所は見逃さずすくいあげよう

意外な歌を知っているというような小さなことでも、その子どもの長所を見つけ出し、小学校に伝えることが大切です。

✎❼ 最終学年の記録は小学校へとつなげる

最終学年については「幼児期の終わりまでに育ってほしい姿」を活用し、具体的なエピソード等も織り交ぜて分かりやすく記入します。

(1)…園児の成長と、他者を思いやる気持ち、年長児としての自覚が読み取れます。
【該当する10の姿─ア、オ】

(2)…他者との関係について長所、努力している点、苦手とする点について、分かりやすく書いています。
【該当する10の姿─イ、ウ、ケ】

(3)…自然との関わりや、豊かな感性を発揮した場面が分かります。
【該当する10の姿─キ、コ】

練習用　幼保連携型認定こども園園児指導要録（指導）

*コピーしてお使いください。

ふりがな		性別		指導の重点等	年度	年度	年度
氏名					（学年の重点）	（学年の重点）	（学年の重点）
年　　月　　日生					（個人の重点）	（個人の重点）	（個人の重点）

	ねらい（発達を捉える視点）	指導上参考となる事項		
健康	明るく伸び伸びと行動し、充実感を味わう。			
	自分の体を十分に動かし、進んで運動しようとする。			
	健康、安全な生活に必要な習慣や態度を身に付け、見通しをもって行動する。			
人間関係	幼保連携型認定こども園の生活を楽しみ、自分の力で行動することの充実感を味わう。			
	身近な人と親しみ、関わりを深め、工夫したり、協力したりして一緒に活動する楽しさを味わい、愛情や信頼感をもつ。			
	社会生活における望ましい習慣や態度を身に付ける。			
環境	身近な環境に親しみ、自然と触れ合う中で様々な事象に興味や関心をもつ。			
	身近な環境に自分から関わり、発見を楽しんだり、考えたりし、それを生活に取り入れようとする。			
	身近な事象を見たり、考えたり、扱ったりする中で、物の性質や数量、文字などに対する感覚を豊かにする。			
言葉	自分の気持ちを言葉で表現する楽しさを味わう。			
	人の言葉や話などをよく聞き、自分の経験したことや考えたことを話し、伝え合う喜びを味わう。			
	日常生活に必要な言葉が分かるようになるとともに、絵本や物語などに親しみ、言葉に対する感覚を豊かにし、保育教諭等や友達と心を通わせる。			
表現	いろいろなものの美しさなどに対する豊かな感性をもつ。			
	感じたことや考えたことを自分なりに表現して楽しむ。			
	生活の中でイメージを豊かにし、様々な表現を楽しむ。	（特に配慮すべき事項）	（特に配慮すべき事項）	（特に配慮すべき事項）

出欠状況		年度	年度	年度
	教育日数			
	出席日数			

【満３歳未満の園児に関する記録】

園児の育ちに関する事項	年度	年度	年度	年度

※文部科学省・厚生労働省のフォーマットをもとに作成しています。

練習用　幼保連携型認定こども園園児指導要録(指導)

【最終学年の指導等に関する記録】

ふりがな			年度
氏名		指導の重点等	(学年の重点)
	年　　月　　日生		
性別			(個人の重点)

ねらい（発達を捉える視点）

		指導上参考となる事項
健康	明るく伸び伸びと行動し、充実感を味わう。	
	自分の体を十分に動かし、進んで運動しようとする。	
	健康、安全な生活に必要な習慣や態度を身に付け、見通しをもって行動する。	
人間関係	幼保連携型認定こども園の生活を楽しみ、自分の力で行動することの充実感を味わう。	
	身近な人と親しみ、関わりを深め、工夫したり、協力したりして一緒に活動する楽しさを味わい、愛情や信頼感をもつ。	
	社会生活における望ましい習慣や態度を身に付ける。	
環境	身近な環境に親しみ、自然と触れ合う中で様々な事象に興味や関心をもつ。	
	身近な環境に自分から関わり、発見を楽しんだり、考えたりし、それを生活に取り入れようとする。	
	身近な事象を見たり、考えたり、扱ったりする中で、物の性質や数量、文字などに対する感覚を豊かにする。	
言葉	自分の気持ちを言葉で表現する楽しさを味わう。	
	人の言葉や話などをよく聞き、自分の経験したことや考えたことを話し、伝え合う喜びを味わう。	
	日常生活に必要な言葉が分かるようになるとともに、絵本や物語などに親しみ、言葉に対する感覚を豊かにし、保育教諭等や友達と心を通わせる。	
表現	いろいろなものの美しさなどに対する豊かな感性をもつ。	
	感じたことや考えたことを自分なりに表現して楽しむ。	
	生活の中でイメージを豊かにし、様々な表現を楽しむ。	(特に配慮すべき事項)

出欠状況		年度
	教育日数	
	出席日数	

幼児期の終わりまでに育ってほしい姿

「幼児期の終わりまでに育ってほしい姿」は、幼保連携型認定こども園教育・保育要領第2章に示すねらい及び内容に基づいて、各園で、幼児期にふさわしい遊びや生活を積み重ねることにより、幼保連携型認定こども園の教育及び保育において育みたい資質・能力が育まれている園児の具体的な姿であり、特に5歳児後半に見られるようになる姿である。「幼児期の終わりまでに育ってほしい姿」は、とりわけ園児の自発的な活動としての遊びを通して、一人一人の発達の特性に応じて、これらの姿が育っていくものであり、全ての園児に同じように見られるものではないことに留意すること。

ア 健康な心と体	幼保連携型認定こども園における生活の中で、充実感をもって自分のやりたいことに向かって心と体を十分に働かせ、見通しをもって行動し、自ら健康で安全な生活をつくり出すようになる。
イ 自立心	身近な環境に主体的に関わり様々な活動を楽しむ中で、しなければならないことを自覚し、自分の力で行うために考えたり、工夫したりしながら、諦めずにやり遂げることで達成感を味わい、自信をもって行動するようになる。
ウ 協同性	友達と関わる中で、互いの思いや考えなどを共有し、共通の目的の実現に向けて、考えたり、工夫したり、協力したりし、充実感をもってやり遂げるようになる。
エ 道徳性・規範意識の芽生え	友達と様々な体験を重ねる中で、してよいことや悪いことが分かり、自分の行動を振り返ったり、友達の気持ちに共感したりし、相手の立場に立って行動するようになる。また、きまりを守る必要性が分かり、自分の気持ちを調整し、友達と折り合いを付けながら、きまりをつくったり、守ったりするようになる。
オ 社会生活との関わり	家族を大切にしようとする気持ちをもつとともに、地域の身近な人と触れ合う中で、人との様々な関わり方に気付き、相手の気持ちを考えて関わり、自分が役に立つ喜びを感じ、地域に親しみをもつようになる。また、幼保連携型認定こども園内外の様々な環境に関わる中で、遊びや生活に必要な情報を取り入れ、情報に基づき判断したり、情報を伝え合ったり、活用したりするなど、情報を役立てながら活動するようになるとともに、公共の施設を大切に利用するなどして、社会とのつながりなどを意識するようになる。
カ 思考力の芽生え	身近な事象に積極的に関わる中で、物の性質や仕組みなどを感じ取ったり、気付いたりし、考えたり、予想したり、工夫したりするなど、多様な関わりを楽しむようになる。また、友達の様々な考えに触れる中で、自分と異なる考えがあることに気付き、自ら判断したり、考え直したりするなど、新しい考えを生み出す喜びを味わいながら、自分の考えをよりよいものにするようになる。
キ 自然との関わり・生命尊重	自然に触れて感動する体験を通して、自然の変化などを感じ取り、好奇心や探究心をもって考え言葉などで表現しながら、身近な事象への関心が高まるとともに、自然への愛情や畏敬の念をもつようになる。また、身近な動植物に心を動かされる中で、生命の不思議さや尊さに気付き、身近な動植物への接し方を考え、命あるものとしていたわり、大切にする気持ちをもって関わるようになる。
ク 数量や図形、標識や文字などへの関心・感覚	遊びや生活の中で、数量や図形、標識や文字などに親しむ体験を重ねたり、標識や文字の役割に気付いたりし、自らの必要感に基づきこれらを活用し、興味や関心、感覚をもつようになる。
ケ 言葉による伝え合い	保育教諭等や友達と心を通わせる中で、絵本や物語などに親しみながら、豊かな言葉や表現を身に付け、経験したことや考えたことなどを言葉で伝えたり、相手の話を注意して聞いたりし、言葉による伝え合いを楽しむようになる。
コ 豊かな感性と表現	心を動かす出来事などに触れ感性を働かせる中で、様々な素材の特徴や表現の仕方などに気付き、感じたことや考えたことを自分で表現したり、友達同士で表現する過程を楽しんだりし、表現する喜びを味わい、意欲をもつようになる。

※文部科学省・厚生労働省のフォーマットをもとに作成しています。

● 監　修

冨田久枝（とみた　ひさえ）　千葉大学教育学部教授・博士（心理学）

　千葉県生まれ。20年余にわたり幼稚園教師として勤務。その後、山村学園短期大学助教授、鎌倉女子大学児童学部児童学科・鎌倉女子大学大学院准教授等を経て、現在、千葉大学教育学部においてカウンセリング及び保育者の育成と心理学関連科目の指導を行っている。

● 協　力

片岡慶子（かたおか　けいこ）　社会福祉法人・白百合会西川島保育園園長（横浜市）

　長年にわたり横浜市立の保育園及び、社会福祉法人・白百合会／第二白百合乳児保育園において、乳幼児の育ちを見守り、多くの保育者の指導も行ってきた。

● 取材協力　白百合乳児保育園／第二白百合乳児保育園／上末吉白百合保育園／丸山台保育園

● デザイン
和泉仁・石渡早苗

● イラスト
今井明則・遠野冬子

● 編集協力
（有）エディッシュ／白井春江・三笠暁子・高梨恵一

実例でわかる　保育所児童保育要録作成マニュアル

2021年5月10日発行

監　修　冨田久枝
　　　　とみた　ひさえ

発行者　深見公子

発行所　成美堂出版
　　　　〒162-8445　東京都新宿区新小川町1-7
　　　　電話(03)5206-8151　FAX(03)5206-8159

印　刷　広研印刷株式会社

©SEIBIDO SHUPPAN 2018　PRINTED IN JAPAN
ISBN978-4-415-32580-4
落丁・乱丁などの不良本はお取り替えします
定価はカバーに表示してあります

・本書および本書の付属物を無断で複写、複製（コピー）、引用することは著作権法上での例外を除き禁じられています。また代行業者等の第三者に依頼してスキャンやデジタル化することは、たとえ個人や家庭内の利用であっても一切認められておりません。